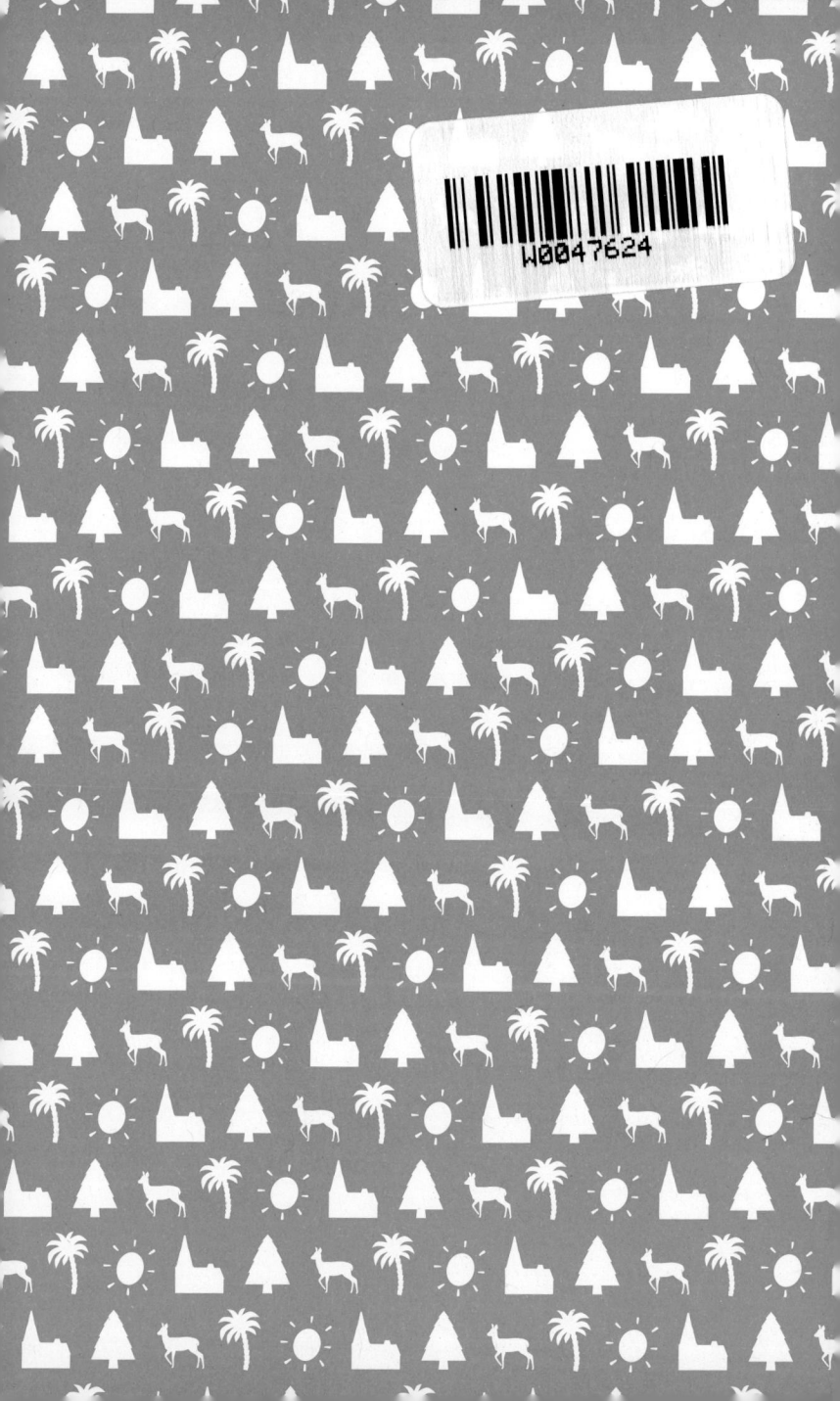

Impressum

Text: Daniel Briest, Katrin Burek, Ruven Hein, Simone Jung, Carolin Terhorst
Satz & Lektorat: rap verlag
Grafik: www.gudrunbarthdesign.com
Druck und Weiterverarbeitung: oeding print GmbH, Braunschweig

Druck | ID: 11339-1505-1005

ISBN: 978-3-942733-30-4

1. Auflage 2015

© rap verlag, Freiburg im Breisgau, in der R.A.P. Presse-Verlag-Werbung GmbH
Kontakt: kontakt@rap-verlag.de

ENDLICH DORTMUND!

Dein Stadtführer

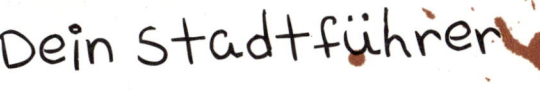

Dortmund · endlich · Dortmund · endlich · endlich

Inhalt

Dortmund ⊔ Dortmund

endlich

endlich endlich

Dortmund ... endlich!

Ruhrpottmetropole, Fußballmekka, Bierstadt und heimliche Studentenhochburg, Deutschlands umsatzstärkste Einkaufsmeile, fliegende Nashörner, Currywurst, das prominenteste U der Welt – und endlich bist auch du hier!

... aber schon gehen die Probleme los: Du liest unzählige Wohnungsanzeigen, weißt aber nicht, in welchem Stadtteil du schön, naturnah, günstig, studentisch oder besonders exklusiv wohnen

kannst. Du möchtest am Wochenende mal so richtig im Nachtleben schwelgen, landest aber – du wusstest es nicht besser – beim gemächlichen Tuba-Abend. Du hast vergessen, für den Sonntag einzukaufen und keine Ahnung, wo du jetzt noch was zu essen herbekommst. Das sind nur einige klassische Hürden, die eine neue Stadt so mit sich bringt.

Meist dauert es eine halbe Ewigkeit, bis man sich richtig gut auskennt und bis dahin muss man so einiges über sich ergehen lassen. Aber jetzt ist Schluss damit: Dieses Buch soll dir eben diese Jahre voller Selbstversuche, Entgleisungen und Kompromisse ersparen und dir helfen, dich in deiner Stadt von Anfang an zu Hause zu fühlen. Essen, Trinken, Feiern und Genießen, Freizeit, Kultur, Spaß und einfach Leben – genau darum geht es in

ENDLICH
DORTMUND!

Damit du das alles so richtig auskosten kannst, sind unsere fünf
jungen Autorinnen und Autoren
durch die ganze Stadt gestreift
– immer auf der Suche nach den
schönsten Ecken, den besten Leckerbissen, den ausgefallensten
Kuriositäten und dem besonderen
Etwas in Dortmund. Sie haben
viele, viele Kilometer zu Fuß, mit
dem Fahrrad, den Öffentlichen

oder dem Auto zurückgelegt, Klemmbrett und Kamera in der Hand,
haben Notizen gemacht, Fotos geschossen und dabei Regen und
Wind getrotzt. Das alles hat sich aber wirklich gelohnt, denn heute
hältst du tatsächlich dieses Buch in deinen Händen.

Es ist vorläufig fertig, soll sich aber als dein persönlicher Ratgeber
und Begleiter immer wieder verändern und weiterentwickeln. Das
Tolle ist also, du darfst – ja sollst sogar – in diesem Buch herumma-
len, Kommentare an den Rand schreiben, Sachen durchstreichen,
markieren und aktualisieren und ihm deine persönliche Note verlei-
hen (Natürlich nur, wenn es dir auch
gehört, nicht, wenn du es gerade in der
Buchhandlung anschaust). Um dir die
Hemmungen zu nehmen, haben wir
selbst schon einmal angefangen zu
kritzeln, malen und markieren ...

Wir wünschen dir viel Spaß!

Dein **rap** verlag

ENDLICH
DORTMUND!

auf Facebook:

www.facebook.com/
EndlichDortmund

Dortmund
endlich

Häus

zu Hause

zu Hause

zu Hause

zu Hause

endl

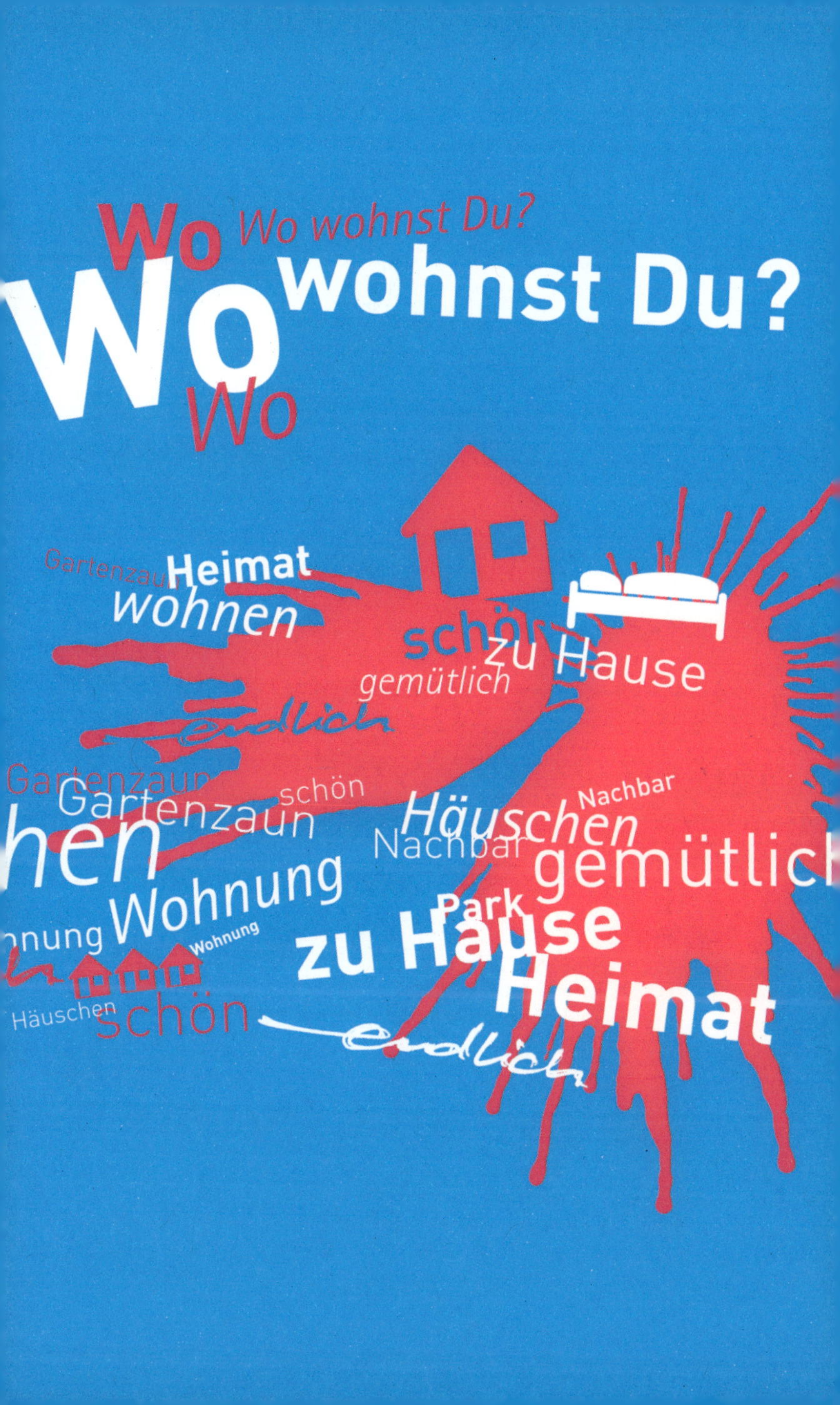

Wo
Wo wohnst Du?
Wo wohnst Du?
Wo

Gartenzaun
Heimat
wohnen
schön
zu Hause
gemütlich
endlich
Gartenzaun
schön
Gartenzaun
Häuschen
hen
Nachbar
Nachbar
gemütlich
nnung Wohnung
Park
Häuschen
zu Hause
schön
endlich
Heimat

Bedienungsanleitung

Asseln, Persebeck-Kruckel-Schnee, Marten, Nette ... bei diesen Namen und der riesigen Zahl an Dortmunder (Unter-)Bezirken, ist es gar nicht so einfach, eine passende Wohngegend zu finden – da geraten selbst langjährige Dortmunder regelmäßig an ihre Grenzen. Damit du bei der Suche nach deinem neuen Wohnviertel nicht ahnungslos durch die Stadt irren musst, stellen wir dir ALLE Stadtbezirke der Ruhrpott-Metropole vor.

Als Faustregel gilt aber schon einmal: In den Innenstadtbezirken steppt der Bär, am Rand muht die Kuh; der Süden gilt als reich und teuer, im Norden ist man Arbeiter; im Westen geht's nach Bochum und im Osten, nun ja. Wenn du es schnell und knackig wissen willst, wirf einen Blick auf unsere Infoboxen, in denen die wichtigsten Fakten zusammengefasst sind:

Miethöhe: Von unbezahlbar bis zur Bruchbude gibt es in Dortmund alles. Hier kannst du abschätzen, ob diese Gegend für dich und dein Budget in Frage kommt.

Hochhausfaktor: Mit unserem Hochhausfaktor erfährst du, ob du eher im sechsten Stock landest oder auf dem Boden bleibst, den Himmel oder doch nur Straßenschluchten siehst.

Einwohnerdichte: Wie eng lebt es sich im Stadtbezirk? Kannst du deinem Nachbarn in die Küche spucken oder brauchst du doch ein Auto, um mal eben Zucker von nebenan zu besorgen? Unsere kleine Grafik zeigt es dir auf einen Blick.

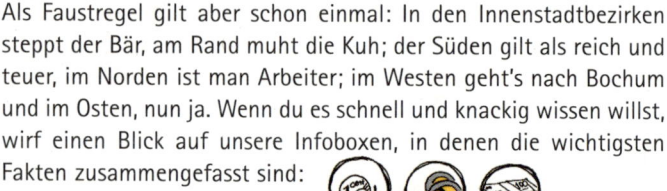

Grünfläche: Entgegen aller Klischees ist das Ruhrgebiet ausgesprochen grün – und Dortmund erst recht. Wie viele Bäume aber an der Straße stehen und ob es auch mal eine Wiese gibt, auf der man schön sitzen kann, ist natürlich sehr unterschiedlich.

Distanz zur Reinoldikirche: Dortmund zieht seine Kreise um die Reinoldikirche, die damit der zentrale Ort ist. Hier fahren alle Nachtbusse ab, du kannst zwischen Westen- und Ostenhellweg auf den Treppen hinter der Kirche zu jeder Tageszeit auf deine Verabredung warten und zur Weihnachtszeit ist der gegenüberliegende Glühweinstand der Treffpunkt für einen ausgedehnten Besuch auf dem Weihnachtsmarkt.

Kneipendichte: In Zeiten von Kohle und Stahl war mal an jeder Ecke eine Kneipe, heute sitzt man mancherorts auf dem Trockenen. Damit du weißt, ob du hier dein Bier nur an der Bude bekommst oder auch beim brummigen Barmann nebenan, haben wir für dich eine Kneipendichte errechnet.

Der besondere Platz: Damit du nicht nur Land und Leute kennenlernst, sondern ebenso die kleinen, speziellen Orte, die einen Stadtteil besonders oder gar rekordverdächtig machen, haben wir in allen Ecken der Stadt kleine Highlights oder Geheimtipps aufgestöbert.

Woher wir das alles wissen? Stunden in Bussen und Bahnen, unzählige Kilometer zu Fuß und mit dem Rad, ein Paar zerschlissene Schuhe und literweise verschmierte Tinte auf Händen, Hemden und Hosen ... unsere Recherche in Dormunds Stadtteilen war ein gutes Ausdauertraining. Die Zahlen, auf denen unsere Informationen zu Hochhausdichte, Grünflächen sowie Einwohnerdichte beruhen, kommen zum Glück aber nicht von uns, sondern mit freundlicher Genehmigung vom Fachbereich Statistik der Stadt Dortmund. Vielen Dank dafür!

Quellen:
Statistikatlas 2010, Hrsg. Stadt Dortmund, Fachbereich Statistik;
Jahresbericht 2014-Bevölkerung, Hrsg. Stadt Dortmund, Fachb. Statistik;
beides abrufbar unter: statistik.dortmund.de

Dortmund   Dortmund   endlich   endlich   endlich

Innenstadt–West

1 City

Ausgangs- und Endpunkt allen Lebens in Dortmund ist das Zentrum innerhalb des Walls, einfach City, „Stadt" oder Innenstadt genannt. Wie auch immer du es nennen möchtest, hier ist alles vereint, was ein moderner Städter braucht: Shoppingmeile, belebte Plätze, Gastro und Kultur. Als Neuling findest du hier aber auch alle wichtigen Verwaltungseinrichtungen der Stadt.

Wohnen ist in der City eher Nebensache: Man kommt zum Arbeiten, Feiern und vor allem zum Shoppen. So gut wie jede große Kette ist zwischen dem Westen- und Ostenhellweg vertreten, wenn nicht gar doppelt und dreifach. Tagsüber lässt sich so zwischen den vielen Shoppingwütigen in der Fußgängerzone kaum der Boden erkennen.

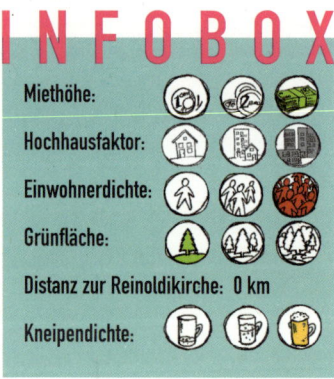

INFOBOX

Miethöhe:

Hochhausfaktor:

Einwohnerdichte:

Grünfläche:

Distanz zur Reinoldikirche: 0 km

Kneipendichte:

Hast du hier aber doch eine Wohnung ergattert, kannst du dich über die kurzen Wege und die optimale Anbindung an den Nah- und Fernverkehr freuen. Denn allein schon wegen des chronischen Parkplatzmangels ist ein Auto eher eine Last: Der Bahnhof und alle wichtigen Haltestellen liegen sowieso in unmittelbarer Nähe. Abends hast du es nicht weit zum

Theater oder der Oper und bist im Handumdrehen in den Kneipen und Clubs. Und während die anderen sich später noch im NachtExpress mit betrunkenen Vorstadt-Kids herumplagen müssen, schlummerst du schon friedlich in deinem Bett.

Der besondere Platz

Besonders abends und nachts ist die **Brückstraße** der belebteste Ort: Dort trifft die Punkerin auf den Klassikfan und die High-Heels-Trägerin auf Flaschensammler. Die Dichte der Kneipen und Kioske, die bunt gemischten Geschäfte, das Konzerthaus und natürlich das schnelle, preiswerte Essen zu jeder Tages- und Nachtzeit machen die Brückstraße zu DEM Anziehungspunkt in der City. Spätestens am Ende einer langen Nacht wirst auch du hier irgendwo noch ein Bier trinken und ein überbackenes Baguette bestellen. Und du wirst dabei garantiert nie alleine sein.

2 Westfalenhalle

Südlich der Möllerbrücke liegt das Kreuzviertel, das urbane Vorzeigeviertel Dortmunds: bunt, jung und kreativ. Hier findest du Cafés und Kneipen ohne Ende und es herrscht Lebensfreude pur! Dass es hier nett ist, hat sich bereits weit herumgesprochen, weswegen sich die Wohnungssuche eher

INFOBOX

Miethöhe:

Hochhausfaktor:

Einwohnerdichte:

Grünfläche:

Distanz zur Reinoldikirche: 1,7 km

Kneipendichte:

nervenaufreibend gestaltet. Doch davon solltest du dich nicht unterkriegen lassen, eine kleine Wohnung in einem der Altbauten muss doch auch für dich frei sein! Was gibt es schließlich besseres als die schönsten Cafés der Stadt direkt um die Ecke zu haben? Im Sommer bis spät abends draußen sitzen und nahtlos vom Kaffee zum gezapften Bier übergehen – das ist wahres Großstadt-Leben.

Solltest du die Enge des Kreuzviertels mal leid sein: Kein Problem, dann zieh einfach die Kreuzstraße bis Tremonia hinauf. Hier geht das Kreuzviertel mit seinen vier- bis fünfstöckigen Gebäuden in eine Einfamilienhaus-Siedlung über, mit schönen alten Häusern und modernen Familienträumen.

Sicherlich ein Ort, an dem man sein ganzes Leben lang verweilen kann – und vielleicht sogar darüber hinaus: Im Viertel liegt der hübsche alte Südwestfriedhof, der höchstwahrscheinlich meistbesuchte Friedhof nach dem Pariser Père Lachaise. Denn hunderte von BVB-Fans strömen jeden zweiten Samstag hierüber, um zum Stadion zu gelangen.

Die namensgebenden Westfalenhallen liegen jenseits der B1 und sind für Veranstaltungen und Messen bekannt, aber nicht für ihre Wohnqualität. Hotels wechseln sich mit Mehrzweckhallen ab, da sind die verwinkelten Gassen des Kreuzviertels doch attraktiver.

Der besondere Platz

Neben den Westfalenhallen liegt das Wohnzimmer von über 80.000 Menschen, der Ort von Freud und Leid, Tränen und Schweiß, harter Arbeit und weichen Pässen: der **Signal-Iduna-Park** (unter

Dortmundern besser als Westfalenstadion bekannt). So sehr du dich bemühen wirst, um Fußball kommst du in Dortmund nicht herum!

An Spieltagen ist der ganze Stadtteil in schwarz-gelb getaucht. Also genieße einfach das Spiel und die Stimmung. Und ist das alles wirklich nichts für dich: Besorg dir trotzdem einen Spielplan, damit du genau weißt, an welchen Samstagen du besser nicht vor 15.30 Uhr das Haus verlässt.

3 Dorstfelder Brücke

Vom Bahnhof aus siehst du schon das heimliche Wahrzeichen Dortmunds: das U. Oben auf der alten Unionbrauerei thront es über ständig wechselnden Videoinstallationen. Ganz nach dem Motto „aus alt mach neu", befinden sich in der ehemaligen Brauerei heute Ausstellungsräume, das Museum am Ostwall, Bars und ein Kino.

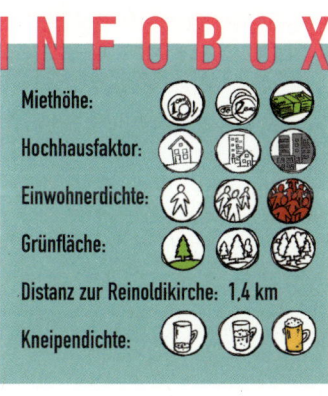

INFOBOX

Miethöhe:

Hochhausfaktor:

Einwohnerdichte:

Grünfläche:

Distanz zur Reinoldikirche: 1,4 km

Kneipendichte:

Hier im Unionviertel rund um das große U haben zweifellos die jungen Kreativen das Zepter übernommen. In ihren Ateliers, Galerien und Büroräumen führen sie eine bunte, fröhliche Herrschaft mit Designagenturen, Kunsthandwerkstätten, Street Art und jeder Menge Musik auf den viel bespielten Bühnen des FZW (Freizeitzentrum-West).

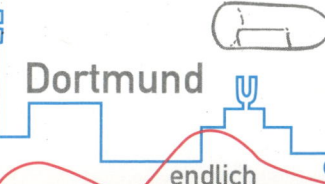

Dortmund   Dortmund   endlich

endlich   endlich

Architektonisch unterscheidet sich das Unionviertel nur bedingt von den anderen Innenstadt-Stadtteilen: Eine Mischung aus Alt- und Neubauten, Gründerzeit- und Nachkriegsfassaden schlängelt sich entlang der schmalen Straßen. Kioske gibt es wie Sand am Meer und an der Rheinischen Straße kannst du im West-Center oder asiatischen Supermarkt einkaufen oder aber jeden Tag in einer anderen Pizzeria, Pommes- oder Dönerbude essen.

Falls du deine Currywurst mal woanders essen willst, dich die Krankenwagen-sirenen der nahegelegenen Kliniken nerven oder du einfach deine kreativen Akkus wieder aufladen musst, bist du zu Fuß in zehn Minuten am Bahnhof und raus aus der Stadt.

Der besondere Platz

Der beste Ort zum Faulenzen an der Dorstfelder Brücke ist der **Westpark**. Kaum dringt ein Sonnenstrahl durch die dichten Wolken, ist er der Platz, wo sich Freunde auf ein Bier treffen und Großfami-lien mit Teekochern und Grill an reichlich gedeckten Picknickdecken ihre Sommertage verbringen.

Und keine Sorge, wenn du nur lange genug sehnsuchts-voll nach den Leckereien Ausschau hältst, wirst du bestimmt auf die ein oder andere Köfte oder Sucuk-Wurst eingeladen.

4 Dorstfeld

Am Rand der Innenstadt-West erstreckt sich Dorstfeld, eine recht bürgerliche Wohngegend. Im südlichen Oberdorstfeld dominieren gutbürgerliche Reihen- und kleine Mehrfamilienhäuser mit Gärtchen, in Dorstfeld-Mitte größere Bauten mit mehreren Wohnungen. An vielen Ecken sieht man dem Stadtteil aber auch seine Bergbauvergangenheit an.

INFOBOX

Miethöhe:

Hochhausfaktor:

Einwohnerdichte:

Grünfläche:

Distanz zur Reinoldikirche: 3 km

Kneipendichte:

Leider verbinden viele mit dem Stadtteil nicht die schillerndsten Farben. Dass Dortmund ein Neonazi-Problem hat, ist hinlänglich bekannt. Und die Dorstfelder spüren das besonders intensiv, wurde der Stadtteil doch schon propagandistisch zur „national befreiten Zone" erklärt. Im letzten Jahrzehnt konnte man leider den Eindruck gewinnen, hier läge das Neonazi-Szeneviertel schlechthin: Alles, was nur entfernt mit Neonazis zu tun hat – Hools der Borussenfront, Nazi-Skins oder Autonome Nationalisten – hat sich hier, speziell rund um die Thusneldastraße, festgesetzt und ist im Straßenbild nicht zu übersehen.

Dass Dorstfeld aber doch viel farbenfroher ist, als es dieser Szene lieb ist, zeigen die vielen, bunten Vereine und engagierten Einrichtungen und Bürger, die trotz allem den Stadtteil dominieren.

Dortmund Dortmund endlich endlich endlich endlich

Nordstadt

1 Hafen

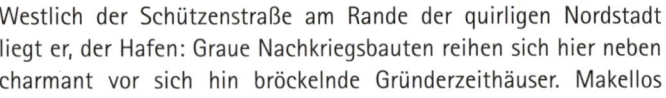

Dortmund. Hafen? Ja! Nicht nur Duisburg kann mit seinem eigenen Hafen aufwarten, sondern auch Dortmund! Noch dazu ist der Dortmunder Hafen der größte Kanalhafen Europas. Ein Sammelbecken für Künstler, Musiker, Studenten, Arbeiter, Migranten und Unangepasste.

Westlich der Schützenstraße am Rande der quirligen Nordstadt liegt er, der Hafen: Graue Nachkriegsbauten reihen sich hier neben charmant vor sich hin bröckelnde Gründerzeithäuser. Makellos

schön ist der Hafen wahrlich nicht, einzig das alte Hafenamt thront in rotem Backstein über den Häusern und ist der ganze architektonische Stolz. Hier hört und sieht man noch die alte Industriestadt Dortmund: im Hafen wird weiterhin ordentlich malocht.

Nebenbei mausert sich der Hafen langsam zu einem Szeneviertel für alternative Kultur: Neue Kneipen und Orte für Kulturschaffende schießen aus dem Boden und lassen den Stadtteil tanzen. Wer abends ausgehen möchte und seine mühsam zusammengesparte Freizeitkasse nicht in Großraumdiscos oder Franchise-Ketten auf den Kopf hauen will, hat hier sicher demnächst sein Stammlokal.

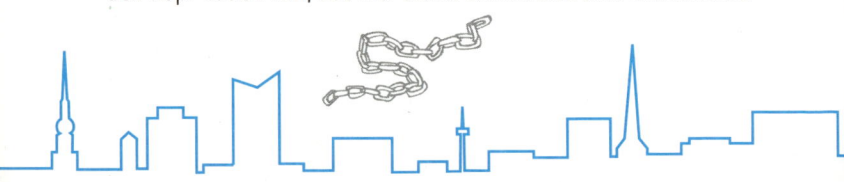

Und hast du mal Lust, dein eigenes Ding zu machen: In den Proberäumen im alten Bunker rumpelt seit jeher das Schlagzeug. Solltest du also keine Band haben, hier findest du garantiert die passenden Leute – oder sie finden dich. Im Hafen ist man da wie in allen Häfen: rau, aber herzlich.

INFOBOX

Miethöhe:			
Hochhausfaktor:			
Einwohnerdichte:			
Grünfläche:			
Distanz zur Reinoldikirche: 1,7 km			
Kneipendichte:			

Der besondere Platz

Mit den ersten Sonnenstrahlen des Jahres strömen die Hafenbewohner nach draußen – eine ideale Zeit, um all die unterschiedlichen Menschen kennenzulernen. Schwitzende Schattensucher und Schwimmwütige ziehen mit Grill und Decke zum **Kanal am Fredenbaumpark**. Kühles Bier gibt's dazu immer frisch „vonner Bude umme Ecke". Wer Kontakte sucht, wird hier nicht enttäuscht.

2 Nordmarkt

Das Herz der Nordstadt ... berühmt und berüchtigt. Er ist ein Ort von und für Arbeiter und die erste Anlaufstelle für Neuankömmlinge aus Nah und Fern, mit und ohne Geld, quasi Dortmunds Tor zur Welt.

Nirgends im Ruhrgebiet gibt es mehr alte Bausubstanz als hier und nirgendwo in Dortmund wohnt man so dicht beieinander. Schöne Gründerzeit-Fassaden säumen die Straßenzüge. Doch wen interessiert schon Architektur, hier ist das Eldorado jedes Nachwuchs-Gangster-Rappers: Das Leben findet auf der Straße statt.

Knapp zehn Minuten von der City entfernt, eröffnet sich hier eine andere, lebhafte Welt. Die Läden zeugen von unterschiedlichsten Migrationshintergründen und bieten von üppigen Gemüseauslagen

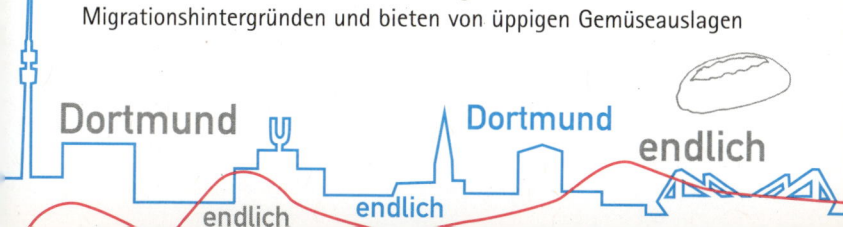

bis zu Backwaren alles, was das kosmopolitische Herz begehrt. Hier kannst du in kultureller Vielfalt günstig leben und viel Neues entdecken. Aber der Nordmarkt hat auch Probleme – und nicht nur kleine: Das Bier wird hier gerne schon früh am Tag getrunken und auch Kriminalität und Drogen sind leider nicht wegzudiskutieren.

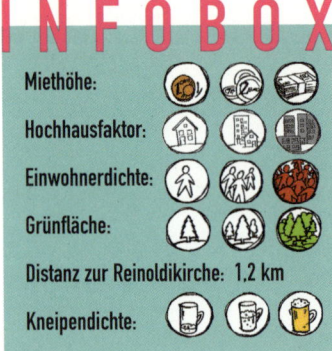

Miethöhe:

Hochhausfaktor:

Einwohnerdichte:

Grünfläche:

Distanz zur Reinoldikirche: 1,2 km

Kneipendichte:

Trotzdem oder gerade deswegen hat der Stadtteil enormes Potenzial. Es ist immer was los und du triffst interessante Leute, die nicht der Norm entsprechen. Hier kannst du mitmischen und dich engagieren. Und keine Sorge, du kannst den Tag voll auskosten: Kaufland hat bis 0.00 Uhr geöffnet – und den Rest gibt's dann ab Mitternacht an der Bude.

Der besondere Platz

Ein ganz besonderer Ort ist die **Münsterstraße**. Persische, arabische und türkische Restaurants liegen Tür an Tür und servieren vorzügliches Essen. An Sommerabenden sitzen ganze Familien bis spät nachts draußen an den Tischen, genießen das Essen und lassen einen Hauch von Urlaub aufkommen.

3 Borsigplatz

Östlich des Nordmarkts hinter der Bornstraße beginnt der Stadtteil Borsigplatz. vielleicht der unspannendste Teil der Nordstadt. Kultur findet man, wenn überhaupt, in Form von Kleinstgalerien. Wettstuben, Reisebüros, Kulturvereine und Imbissbuden bestimmen das Straßenbild der ehemaligen Heimat der Westfalenhütte-Arbeiter.

Doch alle Wege führen zu diesem Platz, der wie kein anderer mit „unserer Borussia" verbunden ist: Mit seinen Platanen steht der Borsigplatz für die Heimat des BVB. Ob Gründungsgaststätte oder erster BVB Trainingsplatz, hier begann die Geschichte der Dortmunder Fußballverrücktheit.

Heute ist der Borsigplatz vor allem ein Verkehrsknotenpunkt, der zu Stoßzeiten an seine Belastbarkeitsgrenze gerät. Auch wenn man dir vom Borsigplatz als Wohnort abraten mag, einen Versuch ist es wert. Es ist gerade die von Häuserschluchten und dubiosen Cafés erzeugte anrüchig-urbane Atmosphäre, die den Reiz ausmacht.

Der besondere Platz

Laut wird es, wenn der BVB einen Titel gewinnt, denn traditionell verläuft jeder Autokorso über den **Borsigplatz**. Unzählige Fans warten hier auf die Mannschaft, um ihr zuzujubeln. Als Nicht-Fan suchst du besser das Weite – aber überlege vorher, deine Wohnung mit Blick auf den Platz an Schaulustige unterzuvermieten! Das ist kein Witz, sondern Dortmund.

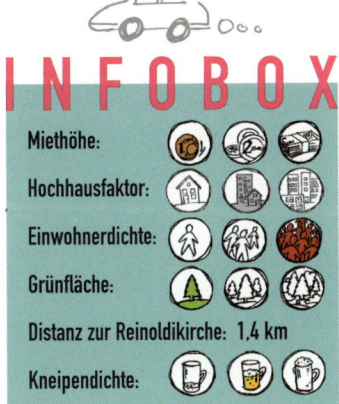

INFOBOX

Miethöhe:			
Hochhausfaktor:			
Einwohnerdichte:			
Grünfläche:			
Distanz zur Reinoldikirche: 1,4 km			
Kneipendichte:			

Dortmund   Dortmund   endlich

endlich   endlich

Innenstadt-Ost

1 Kaiserbrunnen

Klein, aber oho. Die Innenstadt-Ost ist der kleinste Stadtbezirk Dortmunds, hat aber mit dem Kaiserbrunnen wohl einen der schönsten Stadtteile parat. Mit dem Gerichts- und dem Kaiserstraßenviertel erwartet dich hier eine großbürgerliche Wohngegend: grün, urban, historisch.

Entlang der Hamburger Straße zieht sich das Gerichtsviertel mit Landgericht und JVA über Funkenburg bis hinauf nach Körne. Große, kastige Nachkriegsbauten wechseln sich hier mit stuckverzierten historischen Fassaden ab. Im benachbarten Kaiserstraßenviertel folgen auf kunstvoll verzierte Häuser mit runden und eckigen Erkern noch protzigere Stadtvillen. Große, üppige Büsche zieren die schmalen Streifen zwischen Haus und Straße. Hinter diesem Blätterwall erkennst du manche Häuser erst auf den zweiten Blick.

INFOBOX

Miethöhe:			
Hochhausfaktor:			
Einwohnerdichte:			
Grünfläche:			
Distanz zur Reinoldikirche:	1,7 km		
Kneipendichte:			

Obwohl du in der Innenstadt wohnst und in weniger als zehn Minuten zu Fuß auf dem Ostenhellweg bist, ist es hier enorm ruhig. Durch die engen Straßen zwängen sich nur wenige Autos und wenn, dann nur mit geringer Geschwindigkeit. So kann man in aller Ruhe seine Mittagspausen in den Bistros und Straßencafés an der Kaiserstraße genießen.

Zwar nicht ganz so schön wie das Kaiserstraßenviertel, aber auch ruhig und citynah hinter den Bahngleisen, liegt Körne. Ein kleiner Stadtteil im Stadtteil, in dem du die vielen Unannehmlichkeiten der City wie Parkplatznot, Lärm und Hektik umgehen kannst und trotzdem ruck zuck alles zur Verfügung hast.

Der besondere Platz

Mit dem **Ostfriedhof** hast du einen der schönsten Friedhöfe des ganzen Stadtgebiets direkt vor deiner Haustür. Dieser parkähnliche, historische Friedhof erstreckt sich mitten im Kaiserstraßenviertel und wird von vielen Dortmundern sogar „Ostpark" genannt. Nach einem stressigen Tag oder einfach nur bei Sonnenschein kannst du hier unter dicht bewachsenen Bäumen gemütlich schlendern und die alten Grabsteine entdecken.

2 Gartenstadt/Westfalendamm

Die Gartenstadt begeistert mit ihren großen historischen Stadthäusern und lockt überwiegend Dortmunder an, die über das nötige Kleingeld verfügen. Durch den perfekten Anschluss an den Westfalendamm (B1) ist sie nicht nur verkehrsgünstig gelegen, sondern auch eine der begehrtesten Wohnlagen in Dortmund.

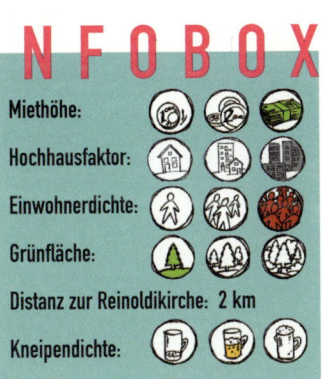

INFOBOX

Miethöhe:			
Hochhausfaktor:			
Einwohnerdichte:			
Grünfläche:			
Distanz zur Reinoldikirche: 2 km			
Kneipendichte:			

Dortmund   Dortmund   endlich

endlich   endlich

Je weiter südlich man sich bewegt, desto großzügiger werden die Einfamilienhäuser mit ausladenden Gärten. Im südlichsten Teil der

Gartenstadt, jenseits des Westfalendamms, machen sich sogar historische Villen breit, die an Wohnkomfort nichts vermissen lassen. Da wünschst du dir, endlich das verdammte Studium oder die Ausbildung zu beenden oder beim Chef auf die nächste, längst überfällige Beförderung zu drängen, um endlich eines dieser Häuser kaufen zu können.

Das kleine nach dem viel befahrenen Westfalendamm benannte Viertel zwischen S-Bahntrasse, Voßkuhle und Märkischer Straße ist dagegen eine Art Übergangsstadtteil. Im südlichen Teil merkst du noch die Nähe zur Gartenstadt, während im nördlichen wieder die städtischen mehrstöckigen Wohnhäuser dominieren und fast am Wall zusehends modern sanierte Wohnhäuser stehen.

Der besondere Platz

Dafür, dass es was Ordentliches auf die Gabel gibt, sorgt die **Grillstube Schie** (Märkische Str. 37), die besonders für ihre halben Hähnchen bekannt ist. Da kannst du spachteln, wo schon Omma aß. Ein echtes Pommesbuden-Original!

3 Ruhrallee

Unaufgeregt, nicht so klein und verwinkelt wie das nächstgelegene Kreuzviertel, sondern weitläufiger, mit breiten Straßen, präsentiert sich die Wohngegend zwischen Märkischer und Hoher Straße. Alle, die im Kreuzviertel keinen Platz finden oder es etwas ruhiger, aber nicht weniger bunt und urban haben wollen, sind hier willkommen.

INFOBOX

Miethöhe:

Hochhausfaktor:

Einwohnerdichte:

Grünfläche:

Distanz zur Reinoldikirche: 1,4 km

Kneipendichte:

Oberhalb der Landgrafenstraße prägen viele graue Kästen mit Balkonen und Laubengängen die Straßen. Aber das klingt trister als es ist: Quer durch das Viertel zieht sich das kleine Stadewäldchen und dank der breit angelegten Straßen ist auch genug Licht vorhanden, um eines der Wahrzeichen Dortmunds in ganzer Pracht zu sehen: den Florianturm.

Weiter südlich liegt das Saarlandstraßenviertel mit seinen vielen hellen stuckverzierten Fassaden: Ein Mekka für alle, die auf belebte Straßen mit ausgefallenen Geschäften stehen. Dort überraschen dich Krims-Krams- und Secondhand-Läden, stilvolle Cafés und gemütliche, urige Kneipen, in denen sich Scharen von Zugezogenen und Ur-Dortmundern vergnügen. Hier wohnt nämlich der ältere Herr, der schon als Kind an der Ecke Chemnitzer Straße/Sonnenstraße beim Milchbauern die Milch holte, neben der Doktorandin, die dort heute im chinesischen Markt ihre Nudelsuppe kauft.

Der besondere Platz

Direkt auf der anderen Seite der B1 blüht Dortmunds stolzer Garten, der **Westfalenpark**. Im Park an der Emscher kannst du ungestört auf den Wiesen faulenzen, die Flamingos beobachten, vom Florianturm die Aussicht über Dortmund genießen oder auf dem Buschmühlenteich Tretboot fahren.

Dortmund   Dortmund

endlich

endlich   endlich

Eving

1 Eving

Herzlich willkommen im Ruhrgebiet! Eving sieht wahrscheinlich so aus, wie man sich das Ruhrgebiet außerhalb des Ruhrgebiets vorstellt: Grau und trostlos. Aber die grauen, maroden Häuser an den Hauptstraßen gehören hier genauso dazu wie das Arschleder zum Bergmann.

In Evings „Neuer Mitte" begrüßt dich der Hammerkopfturm der Zeche Minister Stein: Zu Füßen des Förderturms auf dem Gelände der letzten bis 1987 aktiven Zeche ist in jüngster Vergangenheit ein Gewerbegebiet mit kleinem Einkaufszentrum und Technikmarkt entstanden. Von hier aus führt dich die Deutsche Straße ins Herz Evings: Ein kleiner Markt mit angrenzenden Geschäften, an dessen Nebenstraßen viele rechteckige Flachdachhäuser kasernenartig nebeneinanderliegen.

INFOBOX

Miethöhe:

Hochhausfaktor:

Einwohnerdichte:

Grünfläche:

Distanz zur Reinoldikirche: 3,7 km

Kneipendichte:

Bezirk Eving

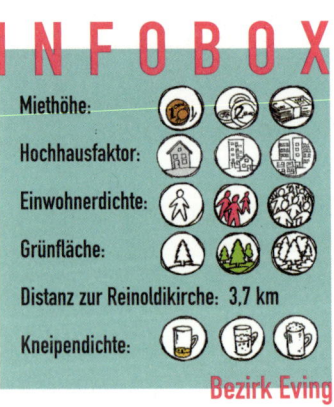

Zugegeben, vor Schönheit glänzt Eving tatsächlich nicht, aber es sind die bodenständigen, stets liebenswerten und hilfsbereiten Menschen, die Eving herzhaft lachen lassen. In den vollen Bussen kann man sich ein Schmunzeln kaum verkneifen: Die reizenden Geschichten, die du hier miterlebst, trösten dich über die räumliche Tristesse ganz schnell hinweg.

2 Lindenhorst

Ein Kreisel, ein Supermarkt: Lindenhorst. Wenn du erst einmal den Schock über den Leerstand und den abbröckelnden Putz im Ortskern von Lindenhorst überwunden hast und dich in die Nebenstraßen

verirrst, um dem Geruch von Braten und Kartoffelsuppe zu folgen, entdeckst du am Ortsrand 60er-Jahre-Reihenhäuser und moderne Mehrfamilienhäuschen in friedlicher Eintracht nebeneinander. Mehr ist von Lindenhorst nicht zu erwarten, aber das ist den Bewohnern wohl mehr als recht.

3 Holthausen

Ganz weit draußen angekommen bist du in Holthausen. Wer es mag, in kleinen oder größeren Reihenhäusern an der einzigen wirklichen Straße zu wohnen und dabei aufs Feld zu blicken, ist hier richtig. Anderenfalls: schnell weg. Wobei du die nicht geringen Wartezeiten auf den Bus einplanen solltest.

Dortmund   Dortmund

endlich   endlich   endlich

4 Brechten

Ein Dorf mit Dortmunder Postleitzahl und acht Buchstaben? Richtig, Brechten! Im südlichen Teil erahnt man hinter den Eigenheimen die Wälder und Wiesen und im eigentlichen Dorf schmiegen sich westfälische Fachwerkhäuser samt altem Bauernhof romantisch um die evangelische Kirche.

Was kann es Schöneres geben, als in einem Dorf zu leben? Tatsächlich ist das beschauliche Brechten eine sehr beliebte Wohngegend. Die Felder, Wiesen und Wälder liegen direkt vor der Haustür, an der örtlichen Grundschule wird der Nachwuchs ausgebildet und man selbst fährt mit der Straßenbahn knappe 20 Minuten zur Arbeit in die Stadt. Hachja ...

Der besondere Platz

Ob als neue Laufstrecke oder als einsamer Rückzugsort: Zwischen Lindenhorst, Eving und Brechten erstrecken sich die Waldgebiete vom **Grävingholz** und **Süggelwald**, die wegen ihrer Pflanzen- und Artenvielfalt zum Naturschutzgebiet ernannt wurden. Nebenbei steht hier zwischen Bombenkratern und Tümpeln Dortmunds dickster Baum.

Scharnhorst

1 Kirchderne

Kirchderne ist eine fast schon klischeehafte Wohngegend am Stadtrand. Links und rechts traben Pferde auf den Koppeln und im Ort warten neue und nicht mehr ganz so neue Neubauten mit ihren gepflegten Vorgärten auf dich. Die Nebenstraßen sind verkehrsberuhigt und am Ortsrand kann man einige Hochhäuser mit günstigen Wohnungen und kulturell bunt gemischter Mieterstruktur erkennen. Samstags wird das Motorrad oder Auto in der Garageneinfahrt gewaschen und bei der Bundesligakonferenz im Radio mitgefiebert.

2 Hostedde

Warum Hostedde ein eigener Stadtteil ist, darüber wundern sich vermutlich sogar die Hostedder selber, die es sich hier in diesem reinen Wohngebiet an der Hostedder Straße mit Häusern in allen Formen und Farben nahe den Feldern gemütlich gemacht haben.

Dortmund Dortmund endlich
endlich endlich

3 Derne

Hoch über Derne wacht der alte Fördertrum der Zeche Gneisenau, die Bergbauvergangenheit ist unübersehbar. In den kleinen Wohngebieten findet man immer noch alte Zechenhäuser, in denen einst die Berg-männer ihren verdien-  ten Feierabend verbrachten und in denen heute viele der ehemaligen Gastarbeiter ihre neue Heimat gefunden haben. Spürbar haben  sie in Derne ihre Spuren hinterlassen: Auf der Altenderner Straße mit ihren schicken historischen Gebäuden mischen sich die Kulturen und bilden eine selbstverständliche Einheit.

4 Alt-Scharnhorst

Allmählich geht es los: In Alt-Scharnhorst stehen noch die normalen Häuser mit zwei bis drei Wohnun-gen; bis Scharnhorst-Ost potenziert sich die Anzahl der Wohnungen pro Haus drastisch: Mietskasernen so weit das Auge reicht.

5 Scharnhorst-Ost

Die aufgereihten Kästen, umgeben von kleinen grünen Wiesen, las-sen einen gewissen Banlieue-Charme entstehen. Denn auch in

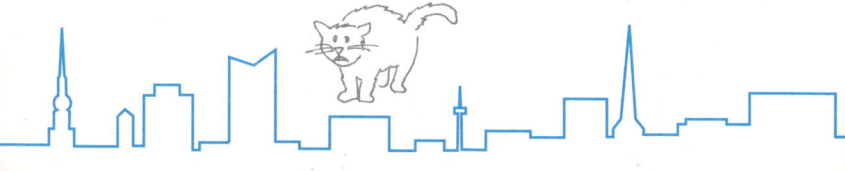

Scharnhorst können die inzwischen bunt angemalten Häuser nicht über die bestehenden sozialen Probleme hinwegtäuschen. Dass es sich hier um keine Gegend für Privilegierte handelt, ist zu offensichtlich und die ansässigen Geschäfte lassen ebenfalls keine anderen Rückschlüsse zu. Immerhin gibt es immer etwas zu gucken und das Kissen auf dem Fensterbrett liegt schon bereit.

Der besondere Platz

Sollte es dich tatsächlich in den Bezirk Scharnhorst verschlagen haben, ist deine erste Anlaufstelle in Sachen Musik das **JZ „Das Zentrum"** (Gleiwitzstr. 255). Dort hast du, auch wenn du nicht mehr ganz dem Durchschnittsalter eines Jugendzentrums entsprichst, die Möglichkeit, Proberäume zu nutzen oder sogar deine eigenen Konzerte zu veranstalten.

INFOBOX

Miethöhe:

Hochhausfaktor:

Einwohnerdichte:

Grünfläche:

Distanz zur Reinoldikirche: 7,5 km

Kneipendichte:

Bezirk Scharnhorst

6 Lanstrop

Manche nördlichen Teile Lanstrops orientieren sich immer noch an Scharnhorst. Aber in den anderen Ecken werden dir deine Nachbarn höchstwahrscheinlich nicht so stark auf die Pelle rücken. Denn hier in Lanstrop wirft das Münsterland seinen

Schatten voraus: Viel Platz und die nahegelegenen Pferdekoppeln machen den dörflichen Charme aus, dem schon der verstorbene Schriftsteller Max von der Grün („Vorstadtkrokodile") erlegen ist. Na, wenn Lanstrop solch ein kreatives Potenzial offenlegt, dann lebt man hier doch gerne.

Der besondere Platz

Mitten auf dem platten Feld prangt über Lanstrop – und eigentlich schon auf dem Gebiet von Grevel – der alte Wasserturm: das **Lanstroper Ei**. Es ist das Wahrzeichen von Lanstrop und im Dunkeln leicht bedrohlich: Angucken, staunen und los, das Ortsausgangsschild ist nicht weit.

7 Kurl-Husen

Ländlich und grün direkt am Körnebach verbinden sich Kurl und Husen dermaßen, dass sie nur in einem Atemzug genannt werden können. Bauernhof meets Reihenhaus: Entweder wohnst du hier auf einem alten Gehöft oder in einer Doppelhaushälfte an einer 30er-Zone.

Aber wer denkt, Kurl-Husen läge ab vom Schuss, hat weit gefehlt. Durch den eigenen Bahnhof mit Regionalverkehr-Anschluss bist du Tag und Nacht in fünf Minuten am Hauptbahnhof und damit in der City. Weitaus schneller als von manch anderem citynahen Stadtteil aus und auch die anderen Städte der Metropolregion RheinRuhr sind ohne umständliches Umsteigen erreichbar. Eine Traumlage also für Landeier mit Großstadtblut.

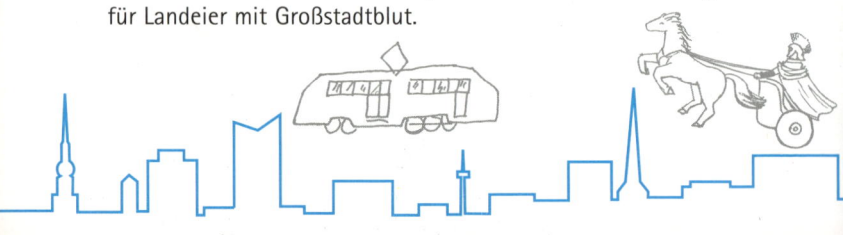

Brackel

1 Wambel

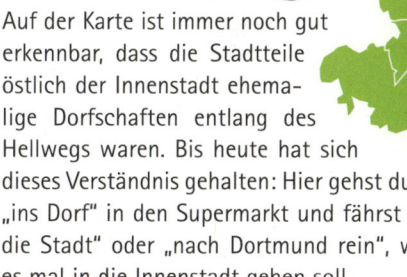

Auf der Karte ist immer noch gut erkennbar, dass die Stadtteile östlich der Innenstadt ehemalige Dorfschaften entlang des Hellwegs waren. Bis heute hat sich dieses Verständnis gehalten: Hier gehst du „ins Dorf" in den Supermarkt und fährst „in die Stadt" oder „nach Dortmund rein", wenn es mal in die Innenstadt gehen soll.

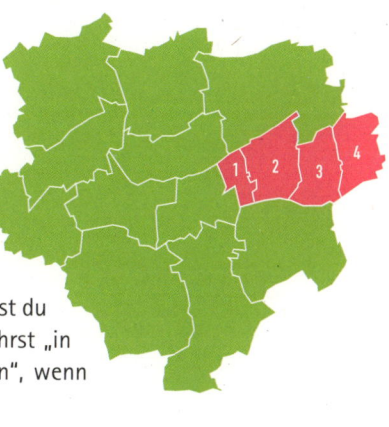

Wambel ist aber alles andere als ein verschlafenes Dorf: Die offensichtliche Vorliebe für Reihenhäuser lässt keine Stallromantik aufkommen, sondern erinnert eher an die klassische Architektur von Zechensiedlungen. Gepflegte Vorgärten stehen hier dicht an dicht und die Schrebergärten an der Akazienstraße komplettieren das Bild. Nur Kumpel sind nicht mehr zu finden, längst haben sich hier viele Mittelschichtsfamilien eingerichtet und genießen das Leben vor den Toren Dortmunds.

Der besondere Platz

Auch wenn manche bösen Zungen behaupten, die östlichen Stadtteile am Hellweg könne man nur aufgrund der Straßenschilder auseinanderhalten, haben die alten Ortschaften allesamt etwas zu bieten. Einzigartig in Dortmund ist die **Wambeler Pferderennbahn**: An

Renntagen ist hier normaler Wettbetrieb und wenn mal keine Rennen stattfinden, sind die bunten Stände der Antik- und Trödelmärkte ein wahres Paradies für jeden Sammler und Retro-Fan.

2 Brackel

In Brackel (gesprochen „Braakel") ist alles ein wenig größer als im vorausliegenden Wambel: große kastige Spitzdachhäuser verstecken ihre zwei bis fünf Wohnungen gerne mal hinter historischen oder Fachwerk-Fassaden und im Ortskern am Brackeler Hellweg ist einiges los.

Ein beeidruckend großes Gewusel aus Menschen, Autos, Straßenbahn und Kleinbussen bahnt sich seinen Weg durch das Dorf. Umgeben von Fachwerkhäusern streckt die evangelische Kirche ihren Turm empor, während in den Supermärkten, Imbissen, im Buchladen und in der Musikschule reges Treiben herrscht.

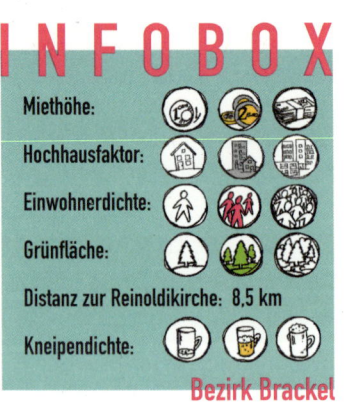

INFOBOX

Miethöhe:			
Hochhausfaktor:			
Einwohnerdichte:			
Grünfläche:			
Distanz zur Reinoldikirche: 8,5 km			
Kneipendichte:			

Bezirk Brackel

Für einen Außenbezirk hat der Brackeler Ortskern viel Gastronomie. Zwar wirst du hier keine hippe Szenebar entdecken, sondern eher auf Kegelvereine zugeschnittene, urige Kneipen; aber wer sagt denn, dass du hier keinen Spaß haben kannst? In Brackel vergisst du schnell die Viertel im Stadtkern: Wer braucht schon „Dortmund", wenn du alles in „deinem" Dorf hast?

Der besondere Platz

Auch Profis müssen trainieren – und das tun sie in Brackel. Das **BVB Trainingsgelände** im nördlichen Teil Brackels ist bei öffentlichen Trainingseinheiten frei zugänglich und immer einen Besuch wert, nicht zuletzt, um sich sein Trikot signieren zu lassen. Danach eine Currywurst oder Pommes Schranke an einer der Frittenschmieden: herrlich!

3 Asseln

Magst du die Ruhe von Reihenhaussiedlungen mit kleinem Garten, bist du in Asseln richtig. Zwischen alten Fachwerkhäusern fügen sich geschickt Reihen- und Ein- bis Zweifamilienhäuser ein. Ein echter Vorort halt: Struktur statt Abenteuer.

Durch die S- und Straßenbahn bist du aber nicht allzu weit vom Geschehen weg und über den Hellweg kommst du schnell aus Dortmund raus und wieder rein – auch wenn es eng wird, denn hier fährt die Straßenbahn noch mitten auf der Straße. Da heißt es: Augen zu und durch.

4 Wickede

Der Stadtteil Wickede zeigt sich in vielen verschiedenen Gewändern, ganz abhängig davon, welchen Teil du besuchst: Am Hellweg wechseln sich Kneipen im Eiche-Rustikal-Stil mit Dönerbuden, Drogerien und Supermärkten der günstigen Art ab. Fernab des Hellwegs verstecken sich zwischen Einfamilienhäusern fast schon villenartige Bauten aus der Zeit um 1900. Und weiter draußen am Ortsrand befinden sich die bewohnten Zeugnisse der 50er-Jahre-Nachkriegs-Architektur: Hochhäuser mit Laubengang und Spielwiese.

Damit Wickede aber nicht nur gut aussieht, sondern auch gut riecht, versprüht die „Aromafabrik" (Firmenniederlassung des Givaudan-Konzerns) ihre Düfte. Du solltest dich also nicht wundern, wenn es in Wickede öfter mal nach Gummibärchen oder mitten im Juli irgendwie nach Weihnachten riecht. Diesen olfaktorischen Kick bekommst du ganz exklusiv einzig und allein in Wickede.

Doch wofür Wickede am bekanntesten ist, merkst du spätestens, wenn du mal aus Dortmund weg willst. Auf halbem Weg nach Holzwickede liegt der Flughafen. In München bist du von hier aus in etwa einer Stunde und Polen, Portugal, Spanien und England sind auch nicht mehr weit.

Der besondere Platz

Wie wäre es mal mit einem Besuch im **Giraffen-Museum** (Wickeder Hellweg 25)? Wie? Ein Museum für Giraffen – in Dortmund? Warum nicht, dachte sich der Betreiber und sammelte über Jahrzehnte alle möglichen Souvenirs und Kuriositäten, die irgendwie mit den Langhälsen zu tun haben. www.giraffen-museum.de

Aplerbeck

1 Sölderholz

Abgeschottet durch Wiesen und Felder ist in Sölderholz die Welt noch in Ordnung und das Wort „idyllisch" wird dabei ganz bestimmt nicht überstrapaziert. Die hügelige Wohngegend bietet einen wunderbaren Blick auf Dortmund und aufgrund des luftigen Busfahrplans hast du auch alle Zeit der Welt, diesen zu genießen.

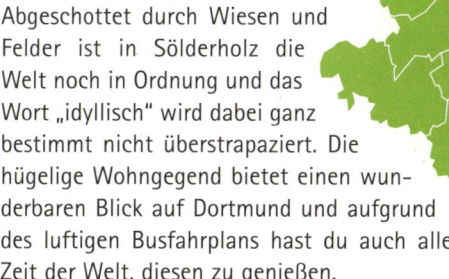

Hier ohne Auto hinzuziehen ist also entweder ein Bekenntnis zur neu entdeckten Langsamkeit oder eine echte radsportliche Ansage.

2 Sölde

Aus der ehemaligen Siedlung am Haus Sölde ist ein friedlicher Vorort geworden, der mit zwei Kirchen und ein paar alteingesessenen Geschäften ein behagliches Leben verspricht. Immerhin nennt Sölde aber einen Bahnhof mit Cityanschluss sein Eigen.

Dortmund   Dortmund   endlich

endlich   endlich

3 Aplerbeck

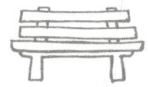

Aplerbeck – für den Dortmunder einfach nur Plerbeck – ist in der Region vor allem durch seine Psychiatrie bekannt, die sich direkt an der B1 in die Höhe schraubt. Dabei ist der Stadtteil vielleicht einer der liebenswürdigsten der Stadt, durchsetzt von wunderschönen alten Gebäuden und pittoresken Eigenheimen.

Die Enge und die vielen Menschen der Nordstadt sucht man hier vergebens. Obwohl dicht bebaut, findet zwischen den Häusern auch mal die ein oder andere größere Wiese ihren Platz. Die allmählich beginnenden Steigungen der Ausläufer von Sauerland und Ardeygebirge tragen zur gediegenen Atmosphäre bei: Für manche ist das spießig, für andere gerade der Ort, an dem man bleiben möchte. Das kleine, aufgeweckte Stadtteilzentrum bietet dazu auch allen Grund.

Der besondere Platz

Das einzige Kino außerhalb der Innenstadt, die **Filmbühne** (Schüruferstr. 330), wird auch liebevoll Postkutsche genannt. Nur ein Saal, mit rotem Samt bezogene Sitze, ein schräg gekachelter Boden im Foyer und ein Kassenhäuschen, wo man das Klingeln der alten Kinokasse noch zu hören glaubt. Das ist Nostalgie pur!
www.filmbuehne-dortmund.de

INFOBOX

Miethöhe:			
Hochhausfaktor:			
Einwohnerdichte:			
Grünfläche:			
Distanz zur Reinoldikirche: 7 km			
Kneipendichte:			

Bezirk Aplerbeck

4 Berghofen

Die bürgerlichen Wohnsiedlungen von Aplerbeck gehen nahtlos in Berghofen über. Der Nachbarstadtteil ist sozusagen die ländlichere Ausgabe von Aplerbeck: mit kleinerem Ortskern, ohne Stadtbahnanschluss, aber mit größeren und vielleicht noch grüneren Wiesen.

Der besondere Platz

Alles, was man so im Wald treiben kann, kannst du hier im **Schwerter Wald** machen: Dirt-Bike fahren, Staudämme bauen, klettern, wandern oder einfach nur den Eichhörnchen nachschauen. Nicht zu Unrecht gilt der Schwerter Wald als der beliebteste und meistbesuchte Wald im Ruhrgebiet. Und mit dem **Freischütz** (Hörder Str. 131, 58239 Schwerte) hast du sogar erstklassige Gastronomie in der Nähe. Es wird nur eine Frage der Zeit sein, bis du hier auf eine Hochzeit eingeladen bist. www.freischuetz-schwerte.de

5 Schüren

Mit der Industrialisierung wandelte sich Schüren vom kleinen verschlafenen Bauernnest hin zu einer Siedlung der Hüttenarbeiter, die in Phoenix-Ost am Hochofen ihre Lohntüten abholten. Mittlerweile ist Schüren ein für Dortmunder Verhältnisse durchschnittlicher Stadtteil, in dem du deinen Traum vom kleinen Häuschen im Grünen Wirklichkeit werden lassen kannst.

Dortmund   Dortmund   endlich
endlich   endlich

Hörde

1 Hacheney

Außer dem Berufsförderungswerk NRW ist in Hacheney nicht viel zu holen. Nun ja, man könnte schon ganz gut in einer der Häuserreihen am Hacheneyer Kirchweg seinen kleinen Garten pflegen und in Eigenregie Haus und Hof umbauen, um den 60er-Jahre-Mief aus dem Haus zu kehren ...

2 Wellinghofen

Das kleine Örtchen an der Schondelle bietet dir, ob im großen Wohnklotz oder kleinen Bauernhäuschen, eine unbeschwerte Zeit. An der Preinstraße liegen Geschäftchen, in denen du freundschaftlich, ja fast familiär deine Brötchen kaufen kannst. Die Fachwerkhäuser und die wild-grünen Flächen dazwischen rufen eine Geborgenheit hervor, die dich so schnell nicht wieder loslässt, wenn du in Wellinghofen einmal Fuß gefasst hast. Dann stört es auch nicht, dass der ÖPNV sich hier auf das Nötigste beschränkt.

3 Wichlinghofen

Wichlinghofen ist der Ort, an dem du eine Familie gründen kannst, aber keine Partys mehr feierst. Neben Schrebergartenkolonien stehen baumumsäumte Reihenhäuser. Irgendwas zwischen Dorf und Vorort ist hier entstanden und das wird sich sicherlich so schnell nicht ändern.

4 Benninghofen

Die Hügel und Steigungen solltest du nicht unterschätzen, wenn du mit dem Rad zum nächsten Kiosk eierst. Das ist eher etwas für den sportlichen Asketen, der hier im Grünen für den nächsten Halbmarathon im Himalaya trainiert und nebenbei einen wunderschönen Ausblick auf das Stadion genießt. Ach so, wohnen kann man hier natürlich auch und in den verschiedenen Lädchen gibt's alles, was man braucht. Weil die Busse dankenswerterweise regelmäßig fahren, bist du auch nicht zwangsläufig aufs Rad angewiesen.

5 Holzen

In Holzen ist der Bauernhof nicht nur Zierde und das riecht man auch. Links und rechts tun sich Felder auf und geradeaus ist der Blick frei auf Schwerte. Überhaupt kann man hier wunderbar weit sehen, weil die wenigen Häuser nicht die Sicht versperren.

6 Syburg

Hoppla, ist das noch Ruhrgebiet? Vor lauter Wiesen sieht man hier die Häuser nicht mehr – und ganz schön bergig, Mannomann! Auch

wenn du dir vielleicht ungläubig die Augen reibst, dieses Fleckchen Erde gehört wirklich noch zu Dortmund. Streckenweise wähnt man sich schon in den bayrischen Alpen, nur dass man hier eben dem richtigen Verein zujubelt. Zugegeben, Lederhosen sind auch eher selten.

Der besondere Platz

Apropos jubeln: In der **Spielbank Hohensyburg** (Hohensyburgstr. 200) kann man am Black-Jack-Tisch oder am Roulette in James-Bond-Manier sein Geld verjubeln – rien ne va plus! Kommst du dann mit leeren Taschen aus dem Casino, spendet dir die Burgruine und die Aussicht vom Kaiser-Wilhelm-Denkmal auf die Ruhr ein wenig Trost. www.spielbank-hohensyburg.de

7 Hörde

Wo früher Asthmatiker vor dem Staub der Hochöfen davonliefen, spazieren heute gemütlich Eltern mit Kinderwagen um den in der Sonne glitzernden Phoenix-See. Nach der Schließung der Stahlwerke in Hörde verkaufte man die Anlagen von Phoenix-Ost kurzerhand nach China und setzte das ganze Areal unter Wasser.

Der Phoenix-See in Hörde ist eine der neuesten und am meisten diskutierten Attraktionen in Dortmund. Rund um den See bauen die

Neureichen ihre quadratischen Villen, während im Hintergrund dicht gedrängt die alten Mehrfamilienhäuser der Stahlarbeiter den neugewonnenen Ausblick genießen. Aber die Vergangenheit ist zum Glück noch nicht völlig entsorgt: Ob im durchgestylten Apartmenthaus am See oder im Hochhaus in Clarenberg finden in Hörde vom Malocher bis hin zum Fußballstar immer noch alle ihren Platz.

Der besondere Platz

Um das zwiespältige Verhältnis der Dortmunder zu den Veränderungen in Hörde zu verstehen, lohnt sich ein Besuch der alten Hochöfen in **Phoenix-West**. Ob geführt oder auf eigene Faust, die großen Anlagen faszinieren. Man ist angesichts des Hochofens froh und wehmütig zugleich, dass hier niemand mehr arbeiten muss.

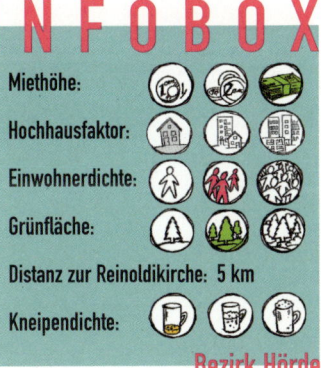

INFOBOX

Miethöhe:		
Hochhausfaktor:		
Einwohnerdichte:		
Grünfläche:		
Distanz zur Reinoldikirche: 5 km		
Kneipendichte:		

Bezirk Hörde

Dortmund

Dortmund

endlich

endlich

endlich

endlich

Hombruch

1 Brünninghausen

Mit den vielen großen und luftig angelegten Einfamilienhäusern, den wenigen wirklichen Hochhäusern und der schlichten Atmosphäre ist Brünninghausen nicht gerade Dortmunds Armenhaus. Ganz normale Leute führen oder fahren hier ihre Hunde im Kinderwagen spazieren und können angesichts des nicht vorhandenen Stadtbahnanschlusses im Zehnminutentakt mit dem Bus in alle möglichen Richtungen fahren – ein echter Luxus, den man hier aber nicht dringend braucht, da in der Hofeinfahrt ja schon der glänzende Neuwagen bereitsteht.

Der besondere Platz

Überhaupt sind die Brünninghauser besonders tierlieb. Fußläufig ist der **Dortmunder Zoo** (Mergelteichstr. 80) erreichbar, der mit dem „Amazonashaus" und einer „Australienwiese" aufwarten kann, auf der Rote Riesenkängurus durch die Gegend hüpfen.

Besonders die Ameisenbären sind ein Ereignis, nicht nur weil sie die Maskottchen des Zoos sind, sondern auch weil sie mit ihrem Nachwuchs reihenweise selbst die Hartgesottensten verzücken.

2 Rombergpark-Lücklemberg

Warum der Rombergpark als eigener Stadtteil geführt wird, bleibt wohl ein Geheimnis der Stadtverwaltung. Vielleicht wollte man den Botanischen Garten nicht auch noch Brünninghausen zuschlagen, das doch schon den Zoo sein Eigen nennen kann.

Eventuell liegt es auch an Lücklemberg, der bewohnten Seite des Stadtteils. Am Olpkebach haben sich manch kleine, aber meistens große „Häusken" angesiedelt, die nicht darüber hinwegtäuschen, dass hier am Ende des Monats doch noch ein wenig mehr Geld auf dem Konto ist. Der reiche Süden eben!

Der besondere Platz

Ob du nun die Enten mit deinem ollen Brot fütterst oder auf eine Reise durch die Pflanzenwelt gehst – bedenkt man, dass die Hälfte des Stadtteils nur aus Park besteht, ist ein Besuch im **Rombergpark** an schönen Tagen Pflicht. Für Regentage bleibt dann noch das **Torhaus** im Park: Hinter dessen unscheinbaren Mauern versteckt sich die städtische Kunstgalerie.

3 Kirchhörde-Löttringhausen

Wenn es in Dortmund eine richtige High-Society gäbe, würde bestimmt die Hälfte davon in Kirchhörde leben oder bei dessen kleinem Bruder Löttringhausen. Zwar hat der neu erschlossene Phoenix-See Kirchhörde mittlerweile im Kampf um das St. Tropez Dortmunds das Wasser abgegraben, aber dem Ruf als reicher Stadtteil hat das keinen Abbruch getan. Ansonsten ist Kirchhörde ein Stadtteil wie im Bilderbuch: Gymnasiasten strömen in der Mittagszeit

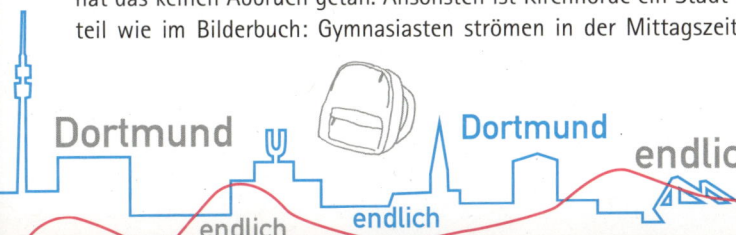

Dortmund endlich
Dortmund endlich
endlich endlich

nach Hause, die Eigen-
heime liegen friedlich am
Hang und Mutti kann im
Ortskern dank der Fach-
geschäfte und dem Ein-
zelhandel für die Familie
sorgen. Papi macht das
hier doch immer noch
eher selten.

4 Hombruch

Im Sommer, wenn die Straßen belebt sind, zeigt Hombruch sein
freundlichstes Gesicht. In der Fußgängerzone und Shoppingmeile
entlang der Harkortstraße, die so manche Stadt eifersüchtig
machen würde, wuseln die Menschen umher und kehren in die
Cafés oder Restaurants ein. Oder sie betrachten das Treiben aus der
Entfernung von einer Bank auf dem Markt.

Eine schöne Alternative für dich, wenn dir die Innenstadtbezirke zu
voll und zu laut sind. Diese kleine Stadt in der Stadt bietet dir wirklich alles, was die große Stadt auch hat. Einzig fürs Feiern musst du
deine neue Liebe verlassen.

INFOBOX

Miethöhe:			
Hochhausfaktor:			
Einwohnerdichte:			
Grünfläche:			
Distanz zur Reinoldikirche:	6 km		
Kneipendichte:			

Bezirk Hombruch

5 Barop

Direkt neben Hombruch gesellt sich Barop: Hier kannst du dir aussuchen, ob du in einem der großen städtischen Häuser oder im ländlich-historischen Ortskern deine neue Heimat finden möchtest. Und für die schnelle Anbindung laufen am Barop-Parkhaus zentrale Bus- und Stadtbahnlinien zusammen.

Mit dem Campus-Nord liegen der größte Teil der Technischen Universität, das Technologiezentrum sowie das Fraunhofer Institut in Barop. Damit du fast auf dem Campus deine Zelte aufschlagen kannst, befinden sich hier die meisten der zwölf Studentenwohnheime mit ihrer typisch kastigen, geometrisch exakten Architektur. Da steht einem konzentrierten Studium nichts mehr im Wege – aber natürlich sorgen Studentenpartys ab und an für die nötige Ablenkung.

6 Eichlinghofen

Vom Campus Nord geht es mit der H-Bahn nach Eichlinghofen. Vollautomatisch und führerlos gleitet diese Schwebebahn zwischen dem südlichen und nördlichen Campus hin und her. Ein absolutes Alleinstellungsmerkmal der TU und einmalig im ganzen Ruhrgebiet. Der Campus Süd ist wesentlich kleiner als der nördliche Campus, trotzdem finden sich hier Am Gardenkamp sowie der Baroper Straße weitere Studentenwohnheime.

Eichlinghofen selbst ist ein typischer Stadtrandort: ruhig, schlicht und gelassen. Viele Studenten suchen hier nach einer Bleibe auf Zeit. Zwar ist es in Eichlinghofen nicht wirklich studentisch, eher Bielefeld denn Münster, aber auf jeden Fall ein Ort, an dem man sich ohne viel Ablenkung auf die nächste Klausur vorbereiten kann.

7 Menglinghausen

Man muss schon genau hin-schauen: Irgendwo zwischen Barop und Persebeck muss Menglinghausen liegen. Bist du bei deiner Suche fündig geworden, erstreckt sich vor dir ein reines Wohngebiet mit allerlei an Felder und Wiesen angrenzenden Häusern.

8 Persebeck-Kruckel-Schnee

Genaugenommen sind Persebeck, Kruckel und Schnee drei einzelne Stadtteile, die aber selbst die Stadtverwaltung aufgrund ihrer Grö-ße nur in Kombination nennt. Außerdem ergibt sich so auch der wohl unaussprechlichste Stadtteilname im Bundesgebiet.

Wenn du hier aus dem Bus steigst, bist du im wahrsten Sinne des Wortes im Nichts angekom-men. In abnehmender Reihenfolge nimmt auch die Dichte der Häuser stetig ab, so dass in Schnee fast australische Verhältnisse herrschen.

9 Bittermark

Äußerste Ruhe in exklusiver Lage hast du in der Bittermark. Viel Wald, wenig Häuser – ein weiterer Anwärter für den Preis des abgelegensten Stadtteils.

Der besondere Platz

Auf den Boden der Tatsachen holt dich das **Mahnmal Bittermark** zurück. Mitten im Wald wurde ein massives Steingebilde zur Erinnerung der Morde an Zwangsarbeitern durch die Gestapo errichtet: Im Rombergpark, in der Bittermark und in Hörde töteten sie kurz vor Dortmunds Befreiung ca. 300 Menschen. Ein denkwürdiger Ort.

Lütgendortmund

1 Marten

Nein, Marten ist nicht dein schöner neuer Nachbar mit stählernen Muskeln und wallendem Haar, sondern befindet sich ganz unspektakulär hinter Dorstfeld. Aber sehenswert ist Marten allemal: Mit Jugendstilkirche, Allee, klitzekleiner Einkaufsmeile und Schulmuseum ist der kleine Stadtteil mit maroden Altbauten und liebevoll gepflegten Neubauten eine kleine Überraschung.

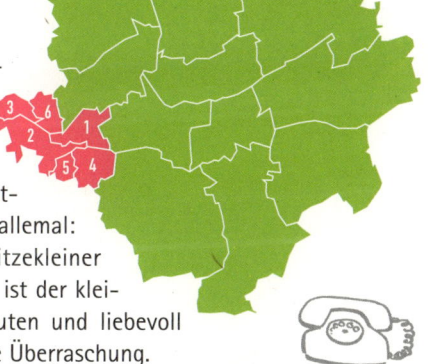

Im Ortskern kannst du in einer der vielen Pizzerien oder gutbürgerlichen Gaststätten dein Bier trinken. Sommertags ist es so still, dass

du lärmende Schulkinder hörst und durch die S-Bahn und die vielen Buslinien ist es kein Problem, fix mal nach Dortmund oder Bochum in die City zu jetten. So ist Marten halt: Entspannt weit draußen, aber trotzdem nahe genug dran.

2 Lütgendortmund

Von den Dortmundern einfach nur Lütgenbommel genannt, ist Lütgendortmund ein Stadtteil, der auch als Kleinstadt irgendwo anders in Deutschland stehen könnte. Die gepflegten, großen, sanierten, zum Teil auch neuen Mehrfamilienhäuser versprechen die urbanere Variante eines Kleinstadtlebens, die Reihenhäuser hingegen die vor-städtischere. Der Volksgarten lädt zu einem Spaziergang ein und der anschließende Besuch im Eiscafé lässt den grauen Beton und den Lärm der Großstadt endgültig vergessen.

INFOBOX

Miethöhe:			
Hochhausfaktor:			
Einwohnerdichte:			
Grünfläche:			
Distanz zur Reinoldikirche:	8 km		
Kneipendichte:			

Bezirk Lütgendortmund

Der besondere Platz

Selbst zum Ausgehen brauchst du Lütgendortmund nicht verlassen. Im **Musiktheater Piano** (Lütgendortmunder Str. 43) wird ordentlich Mucke gemacht: Rock, Blues und Jazz kann hier in toller Atmosphäre genossen werden. Auch außerhalb Lütgenbommels und Dortmunds haben die Konzerte und Partys in den Jugendstilräumen bereits Fans gefunden. www.musiktheater-piano.de

3 Bövinghausen

Der Übergang von Lütgendortmund nach Bövinghausen ist kaum merklich, nur die Straßenschilder weisen dich darauf hin. Und einen kleinen Augenblick nicht aufgepasst, ist man auch schon in Castrop-Rauxel. So schnell geht das hier im Ruhrgebiet.

Der besondere Platz

Inmitten der malerischen Zechensiedlung am Ortsrand stehen die zwei alten Fördertürme der **Zeche Zollern** nebst Maschinenhalle: Was der Oppa auf'm Pütt (Zeche) als Püttrologe (Bergmann) und danach alles machte, erfährst du hier. Aber auch derbe Späße und feinsinnige Kunst finden in den prachtvollen Gebäuden ihren Platz. Daneben ist die Zeche auch ein beliebter Veranstaltungsort für Kunst und Kultur.

4 Oespel

Oespel ist eine Vorstadt, die es überall geben könnte und damit durch und durch Durchschnitt: Kirche, Eiscafé, Supermarkt, Kneipe, Ein- bis Zweifamilienhäuser, gepflegt. Langweilig oder schön normal? Das kann ja jeder selbst entscheiden.

Der besondere Platz

Damit das Leben in Oespel nicht allzu langweilig wird, hat sich **Getränke Rudat** auf internationale Biere spezialisiert: Hier bekommst du die verrücktesten Sorten aus aller Welt, z. B. ein Bier aus Grönland oder eines mit grünem Tee. www.getränke-rudat.de

5 Kley

Der S-Bahnhof ist wohl der interessanteste Ort des Stadtteils Kley, der dir ansonsten nur Industrie- und Gewerbeflächen sowie eine Wohngegend mit kleinen und großen Wohnhäusern bietet. Trotzdem solltest du dir Kley merken, denn hier liegt vermutlich der wichtigste Shoppingort für deine neue Wohnungseinrichtung: IKEA.

6 Westrich

In Westrich gibt es Häuser, Wohnungen und eine wunderschöne Tankstelle. Punktum ein Stadtteil, wo du weg- und wieder zurückkommst, um in deinen eigens bunt eingerichteten vier Wänden oder auf deinem Balkon die Sonne und das Leben zu genießen.

Huckarde

1 Huckarde

Mit ein paar Ausnahmen ist der Stadtteil Huckarde ein riesengroßes Wohngebiet, in dem du alle denkbaren Formen einer Mietwohnung finden kannst: Hochhaus? Klar, warum nicht, frag doch mal in der Insterburg-Siedlung nach. Alte Stadtwohnung im Ortskern? Hiermit ist an der Huckarder Straße gedient. Oder doch eine Wohnung in einem Mehrfamilienhaus in ruhiger Seitenstraße? Okay, sollst du in der Huckarder Heide haben. Warum dann nicht auch gleich ein Reihenhaus oder Eigenheim? Klar, gibt's zum Beispiel im Hauptfeld.

So vielseitig wie die Wohngegend sind hier auch die Menschen: Mit dem vor sich hin brabbelnden Mann neben dir in der Bahn und der rüstigen Rentnerin am Steuer ihres Neuwagens ist in Huckarde das ganze Spektrum des normalen Stadtwahnsinns vertreten.

INFOBOX

Miethöhe:	
Hochhausfaktor:	
Einwohnerdichte:	
Grünfläche:	
Distanz zur Reinoldikirche:	5.3 km
Kneipendichte:	

Bezirk Huckarde

Dortmund endlich

Dortmund endlich

endlich

endlich

Dass die Huckarder ihr Fleckchen Welt mögen, vielleicht sogar lieben, merkt man nicht zuletzt am regen Vereinsleben und den gemeinsamen Stadtfesten. Hier wirst du freundlich aufgenommen.

Der besondere Platz

Auf kleiner Fläche ist in Huckarde ordentlich Betrieb. Um sich einfach mal davon zu entspannen, bietet sich der **Revierpark Wischlingen** an. Nebst kleinem Park mit Kapelle, Teich und dem obligatorischen Bootsverleih mit Minigolfanlage gibt's hier auch Wellness-Angebote und eine Eissporthalle, damit du für dein gesundes Maß an Spannung und Entspannung nicht gleich durch die ganze Stadt fahren musst. Für Kletterfans ist sogar ein Kletterpark eingerichtet worden. www.wischlingen.de

2 Kirchlinde

Bevor die Zeche Zollern ihren Betrieb aufnahm, war Kirchlinde wie viele seiner Schwesterstadtteile ländlich – und das sieht man heute noch. Die Ortsmitte besteht aus einer großen Kreuzung, wo du beizeiten in verschiedenen Gaststätten und Geschäften deine Penunsen lassen kannst: Zwar nichts Außergewöhnliches, aber für den Alltag oder für ein Schnitzel reicht es.

Zur Ruhe kommst du hier in einer der vielen Mietwohnungen, die ruhig, aber eng beieinander liegen. Die Aufteilungen der Häuser und Wohnungen ist die für Dortmund typische: Wild durcheinander stehen alle möglichen Häuser, so dass auch mal neben dem Wohnklotz ein umgebauter Bauernhof mit Fachwerkscheune alles ein wenig auflockert.

3 Jungferntal–Rahm

Ganz anders ist es in Jungferntal: Hier wirst du vom Einheitsbau erschlagen. Keine Abwechslung – nur Hochhäuser und Mietskasernen, die dem Ideal eines perfekten Plattenbaus gefährlich nahe kommen. Selbst die katholische Kirche erinnert hier eher an eine Bowlingbahn als an ein Gotteshaus.

Rahm besticht dagegen mit Doppelhaushälften, Nachkriegsbauten, Reihenhäusern sowie einem Ortskern samt Pommesbude und Supermarkt.

4 Deusen

Die Hälfte der Flächen in Deusen ist für Industrie und Gewerbe reserviert, in der anderen Hälfte kannst du dich in deinem Eigenheim austoben und die weiten Wiesen genießen. Ein Ort für deine Hunde, Katzen, Mäuse und Kinder, die ohne Sorge draußen herumtollen können.

Der besondere Platz

Wenn schon kein richtiger Gipfel, dann tut es auch eine renaturierte Mülldeponie: Der **Deusenberg** bietet nicht nur eine tolle Aussicht auf Deusen und Dortmund, sondern ist ebenso beliebt bei allen, die gerne mit dem Rad über Stock und Stein einen Berg herunterdüsen. Für Mountainbiker sind die verschiedenen Wege extra nach Schwierigkeitsgraden eingeteilt: Helm auf und ab die Post.

Dortmund   Dortmund   endlich
endlich   endlich

Mengede

1 Oestrich

Vergiss das westfälische Dehnungs-e, in Oestrich darf man wieder ungeniert ein Ö für ein Oe sprechen. Das wäre es dann aber auch mit der Oestricher Besonderheit: Mit einem Gewerbegebiet und einer Wohnsiedlung ist Oestrich genauso spannend wie es sich anhört. Einzig die Zeche Hansemann bietet ein optisches Highlight, das mehr als Schloss denn als Zeche daherkommt. Leider hat die Handwerkskammer sie bereits fest in Beschlag genommen, wird also nichts mit der ausgefallenen Wohnung.

INFOBOX

Miethöhe:			
Hochhausfaktor:			
Einwohnerdichte:			
Grünfläche:			
Distanz zur Reinoldikirche:	7,5 km		
Kneipendichte:			

Bezirk Mengede

2 Mengede

Mit einer guten Infrastruktur, schönem Amtshaus, großem Volksgarten und einer Vielzahl an Gründerzeithäusern ist Mengede das Schmuckstück im gleichnamigen nördlichsten Bezirk. Trotz teilweise renovierungsbedürftiger Fassaden müssen manche Straßenzüge

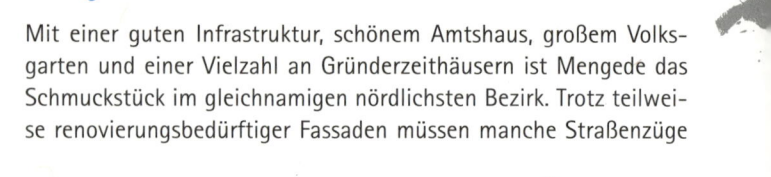

keinen Vergleich mit dem beliebten Kaiserstraßenviertel scheuen. In drei Schritten erreichst du die kleine Innenstadt, auf dem ebenfalls kleinen Wochenmarkt bekommst du frische Blumen und beim Metzger eine schöne Fleischwurst zusammen mit der Erbsensuppe aus dem Schlauch – was will man mehr!

Obwohl Mengede eine sehr gute Anbindung hat und du mit der S- oder Regionalbahn bis weit ins Ruhrgebiet gelangst, solltest du doch Sitzfleisch mitbringen. Aufgrund der viel befahrenen Strecke sind Verspätungen leider die Regel.

Der besondere Platz

Warum nicht einen Volksgarten nutzen, wenn er schon um die Ecke liegt. Ob Sport oder Abhängen: der **Volksgarten Mengede** gibt dir die Möglichkeit dazu. Zwar ist er ein wenig weiter draußen, dafür hast du hier durch die vielen Bäume im Sommer ein lauschiges Plätzchen und kannst im Biergarten deine Hopfenkaltschale wegschlabbern!

3 Nette

Nette ist leider nicht ganz so, wie es klingt. Wenn du erleben möchtest, wie viele Nuancen an Grautönen eine einzige Straße zu bieten hat, dann fahr nach Nette: dunkelgrauer Beton, hellgrauer Putz, beigegrauer Putz, dreckiggraue Fassaden

Dortmund endlich

Dortmund endlich

endlich

nebst rotgrauem Hauseingang; leicht graue Mehrfamilienhäuser, scheckig graue Zechenhäuser und gelbgraue Garagen. Ein bunter Lichtblick sind die vielen mit Obst und Gemüse bepflanzten Gärten, die hinter den Träumen in Grau hervorlugen und hoffen lassen, dass noch nicht jegliche Farbe aufgesogen wurde.

4 Westerfilde

Die schlechte Stimmung in Westerfilde ist förmlich greifbar. Vorbei sind die Zeiten, als die Wohnkästen und -klötze ausreichten, um glücklich zu sein. Die Häuser sind abgewohnt und in schlechtem Zustand, kaum saniert und notdürftig zusammengeflickt. Viele Geschäfte machen dicht und selbst Supermärkte ziehen weg. Auch wenn das Bild von Westerfilde häufig schwärzer gemalt wird, als es wirklich ist, nach Zukunft duftet es hier nicht so richtig.

Der besondere Platz

Aber wer mag da gleich Trübsal blasen, selbst in Westerfilde finden sich nette Plätze: Der schöne Biergarten von **Tante Amanda** (Mosselde 149) fängt die umliegenden Wiesen und Koppeln atmosphärisch ein und lässt für kurze Zeit die Wohnblöcke vergessen. www.tante-amanda.de

5 Bodelschwingh

Erstaunlich wandelbar ist Bodelschwingh: An den Grenzen nach Westerfilde gleicht es eher dem Nachbarstadtteil mit kleineren und größeren Wohnbausteinen; näher zum alten Dorfkern wird es zusehends ländlicher: Alte Bauernhöfe mit Scheune und Fachwerk sowie kleine Häuschen stehen gemütlich an den geschlängelten Straßen

– hier wird hart an der Dorf-romantik gearbeitet. Weiter südlich in Richtung Kirchlin-de erstreckt sich ein großes Neubaugebiet, wo sich der Eigenheimbesitzer in aller Ruhe um den Vorgarten samt Gartenzwerg kümmern kann.

Der besondere Platz

Bodelschwingh kann sich rühmen, ein eigenes, traumhaft schönes **Wasserschloss** zu haben. Das ist zwar nicht öffentlich zugänglich, beherbergt aber exklusive Wohn- und Arbeitsmöglichkeiten. Und manchmal öffnet Freiherr zu Knyphausen seine Tore auch für den durschnittlichen Bodelschwingher. www.schloss-bodelschwingh.de

6 Schwieringhausen

Dass dieser Ort ab vom Schuss ist, stört nicht weiter. Denn mit dem alten Zechenhafen, der direkten Nähe zum Dortmund-Ems-Kanal und einem weitläufigen Naturschutzgebiet hat Schwieringhausen etwas, was nicht jeder hat. Die Sonntagnachmittags-Spaziergänge sind also gesichert, da kannst du getrost auf die vollen Cafés im Kreuzviertel pfeifen.

Der besondere Platz

In Schwieringhausen hat man es geschafft, Heckrinder auszuwildern, die jetzt glücklich im Naturschutz-gebiet **Im Siesack** weiden. Nett anzuschauen, aber wenn die Heck-rindkuh dich fixiert, solltest du bes-ser die Beine in die Hand nehmen.

R

Stra

Wer kennt das nicht? Am Bildschirm oder auf dem Stadtplan sah alles gar nicht so weit voneinander entfernt aus, doch in Wirklichkeit entpuppen sich die Straßen als Labyrinth und die Füße fühlen sich bereits auf halber Strecke an, als hätten sie einen Marathon hinter sich. Wenn dir das nicht passieren soll und du lieber zügig von A nach B kommen willst, wirf einen Blick in dieses Kapitel.

Zu Fuß

Man sagt, Dortmund habe mehr Stadtteile als jede andere deutsche Stadt. Ob das nun ein Gerücht ist oder nicht, Dortmund hat jedenfalls alleine über 60 statistische Bezirke. Die Stadt ist also nicht gerade klein und wer forsch den Plan anbringt, von Brechten in die Innenstadt laufen zu wollen, wird sich daher mit einem von Kopfschütteln begleiteten „Bisse bekloppt?!" anfreunden müssen.

Aber sei beruhigt, nicht alle Strecken in Dortmund sind zu Fuß unüberwindbar. Von den angrenzenden Stadtteilen, wie z. B. Dorstfelder Brücke, Westfalendamm, Hafen, Ruhrallee oder Nordmarkt, kann man auch in Dortmund getrost in die City laufen, ohne seine Schuhe danach direkt zum Schuster geben zu müssen.

In der Innenstadt selbst ist sogar fast nichts anderes möglich, denn die Einkaufsstraße am Westenhellweg ist beispielsweise zu großen Teilen als Fußgängerzone angelegt. Aber es muss ja nicht immer der Weg in die Innenstadt sein: Die meisten Stadtteile haben selbst einen kleinen Kern, den man oftmals gut zu Fuß erreichen

Apropos Schuster! Falls du dir doch mal die Sohlen heiß läufst:

Innenstadt

Schuh-Eildienst Südwest-Wieseler
(Kleine Beurhausstr. 5)

Schumacherei Michael Kobbe
(Robert-Koch-Str. 20)

Kaufhold Schuh- und Lederservice
(Wißstr. 24)

Eichlinghofen (Uni-Nähe)

Schuhmacherei F. Eisenhuth
(Stockumer Str. 439)

kann und in dem du in der Regel zumindest eine Bank, einen Bäcker oder einen Supermarkt für deine alltäglichen Besorgungen findest.

Der Campus der TU ist in den etwas größeren Campus Nord und den kleineren Campus Süd unterteilt. Auf beiden Campussen kommst du gut zu Fuß zurecht, denn die Gebäude liegen nah beieinander. Und selbst vom Campus Nord zum Campus Süd läufst du nur etwa 15-20 Minuten. Deutlich schneller von einer Vorlesung zur anderen kommst du allerdings mit der H-Bahn, die dich mit einer Fahrzeit von nur zwei Minuten fast schon eher von Campus zu Campus beamt als fährt.

Zwei Räder

Verstopfte Straßen, die Sonne knallt aufs Autodach und beides bringt die Insassen zum Kochen. Glücklich, wer da ein Rad zur Hand hat! Staus auf Fahrradwegen entstehen höchstens mal durch eine wandernde Entenfamilie und selbst dann weht dir als Radfahrer noch eine kühle Brise um den Helm.

Egal, ob du nur kurz von einem Stadtteil in den anderen fahren willst oder dich sportlich betätigen möchtest: Dortmund ist mit über 600 km Radwegen ausgestattet – sowohl mit zweckmäßigen an den meisten großen Straßen entlang, als auch mit solchen zu landschaftlich schönen Ausflugszielen. Einen groben Überblick über das Dortmunder Radwege-Netz kannst du dir hier verschaffen: www.radwege.dortmund.de

Das Risiko, dass dein geliebtes und sorgsam angeschlossenes Rad Dieben zum Opfer fällt, liegt in Dortmund im Vergleich zu anderen großen deutschen Städten nur im unteren Mittelfeld. Dennoch ist Fahrraddiebstahl auch in der Ruhrpott-Metropole ein Thema – insbesondere rund um den Hauptbahnhof.

Sicherer, als dein Fahrrad an der Straße abzustellen, ist es darum, es beim **Fahrradservice am Hauptbahnhof** (Königswall 15) auf dem bewachten Fahrradparkplatz abzugeben (Mo-Fr, 5.00-22.00 Uhr). Eine Tageskarte kostet 50 Cent, eine Monatskarte sogar nur 5 Euro. Wenn du vom Hauptbahnhof Richtung Innenstadt gehst, sind die 160 überdachten Stellplätze rechter Hand gar nicht zu übersehen.

www.dobeq.de --> Service --> Fahrräder --> Service am HBF
--> Bewachter Fahrradparkplatz

Der **VCD Dortmund-Unna** hat sich in Absprache mit der Stadt ein besonderes Konzept einfallen lassen: **Fahrradhäuser**, in denen du dauerhaft abschließbare Parkmöglichkeiten für deinen Drahtesel mieten kannst. Was das kostet, ob eins in deiner Nähe steht und wie du an einen Stellplatz kommst, kannst du hier nachlesen: www.fahrradhaus-dortmund.de

Kaufen und Reparieren

Vor platten Reifen und kaputten Bremsen schützen dich allerdings weder Fahrradhäuschen noch bewachte Abstellanlagen. Egal, ob du Ersatzteile zum Selberschrauben benötigst, einen Reparaturservice suchst oder ob dein geliebtes Fahrrad gänzlich schrottreif ist und du ein neues brauchst – hier wird dir geholfen:

Für studierende Hobbybastler

In der Fahrradselbsthilfewerkstatt **reCycling** des AStA (Haus Dörstelmann, Baroper Str. 322, Einfahrt bei 43, TU Campus Süd) gibt's keine bestellten Reparaturen. Hier wird frei nach dem Motto „Selbst ist der Student!" geschraubt und gewerkelt, bis die Räder wieder rundlaufen.

www.asta-dortmund.de
--> Service & Beratung
   --> Fahrradwerkstatt

Aplerbeck

Radhaus Gerhardy (Köln-Berliner Str. 35) bietet professionellen Service und hat immer gute Angebote zu Markenfahrrädern. Mit etwas Glück findest du hier sogar ein günstiges Secondhand-Rad. www.rs-bikes.de

Dortmund
Dortmund
endlich
endlich
endlich

Brackel

Wilma's Fahrradservice (Am Westheck 25) ist ein kleiner, feiner Laden mit überschaubarem Angebot und eher dörflichen Öffnungszeiten. www.wilmas-fahrrad-service.de

Eving

Werkstatt Über den Teichen (Osterfeldstr. 45): Echte BVB-Fans bekommen hier exklusiv das offizielle BVB-Fanbike. Aber auch sonst berät das Team dich professionell beim Kauf oder verarztet deinen lahmen Drahtesel. www.wuetec.de

Hombruch

Rückenwind Swim Bike Run (Harkortstr. 107) kommt als echter Allrounder daher. Wie der Name schon sagt, ist man hier neben dem Radsport auch in den zwei anderen Disziplinen des Triathlons vom Fach. www.rueckenwind.co

Innenstadt

Zweirad-Engels (Amalienstr. 3) bietet einen schnellen Reparaturservice und Feintuning für dein Fahrrad. Außerdem finden die Mitarbeiter vom E-Bike bis zum Trekkingrad genau das passende Rad für dich. www.fahrrad-engels.de

Das Rad (Brüderweg 14) bietet alles, was das Radlerherz begehrt: Retro- und Falträder, Anhänger sowie jede Menge Zubehör. Selbstredend bringen die Profis

Retter in der Not: Vor dem Laden von **Zweirad-Engels** hängt ein Schlauchautomat, an dem du rund um die Uhr Ersatz für deinen geplatzten Fahrradschlauch ziehen kannst!

Einen zweiten Schlauchomaten findest du bei **Rund um's Rad** (Kaiserstr. 111).

dein Rad auch wieder in Schwung, wenn's mal irgendwo klemmt. www.das-rad.com

Zweirad Gross (Kaiserstr. 166): Wem das In-die-Pedale-Treten auf Dauer zu anstrengend wird, der kann sich hier auch nach E-Bikes und Motorrollern umsehen. www.zweirad-gross.de

Kreuzviertel

Dank des **Fahrrad-Services Kreuzviertel** (Sonnenstr. 74) hat sich das mühsame Schieben mit platten Reifen erledigt, denn gegen kleines Geld holt der Profi deinen drahtigen Gefährten auch bei dir zu Hause ab. www.fahrrad-service-kreuzviertel.de

Nordstadt

Radsport Noll (Münsterstr. 52 und 72) ist eine Anlaufstelle für Fahrradliebhaber. Für die meisten der hochwertigen Räder ist allerdings ein tieferer Griff in die Tasche nötig. www.radsport-noll.de

Fahrräder ausleihen

Du hast gar kein Rad? Zweit- oder Dritt-Rad gefällig? Spontaner Besuch kommt vorbei? Leih dir doch einfach eins oder gleich mehrere aus!

Eine gute und recht günstige Anlaufstelle ist auch in diesem Fall der **Fahrradservice am Hauptbahnhof** (Königswall 15), bei dem du für kurze oder auch längere Zeit nicht nur normale Fahrräder, sondern auch E-Bikes ausleihen kannst. Tipp: Einen Reparatur-Service und preisgünstige Gebrauchträder gibt's hier übrigens ebenfalls! www.dobeq.de --> Service --> Fahrräder --> Service am HBF --> Fahrradverleih

Für kurze oder mittellange Strecken ist **Metropolrad Ruhr** die perfekte Lösung. An vielen verschiedenen Orten in Dortmund und in der gesamten Ruhr-Region gibt es Fahrradstationen, an denen du die Räder Tag und Nacht ausleihen und wieder abgeben kannst. Abgerechnet wird pro halbe Stunde (1 Euro) bis zu einem Maximalpreis von 9 Euro pro Tag. Einfach auf der Internetseite, über die App oder an den Stationen selber registrieren und schon kannst du losradeln!
www.metropolradruhr.de

Wenn du auch den restlichen Teil von Nordrhein-Westfalen mit dem Rad entdecken willst, kannst du dein Fahrrad (sofern es die Platzsituation zulässt) in gekennzeichneten Bereichen der Regional-, Straßen- und U-Bahn mitnehmen. Für Studenten mit dem VRR-Semesterticket ist die Mitnahme auf allen Strecken kostenlos, ansonsten musst du eventuell ein **Zusatzticket** für deinen drahtigen Begleiter lösen – das kommt ganz auf deine Fahrkarte an.

Ist die Fahrradmitnahme nicht bereits in deinem jeweiligen Abo enthalten, kostet dich das **FahrradTagesTicket NRW** 4,70 Euro. Es ist übrigens mit jedem anderen Nahverkehrs-Ticket in NRW kombinierbar. www.vrr.de --> Tickets wählen --> NRW-weite Tickets --> FahrradTagesTicket NRW

Achtung: Im Dortmunder Verkehrsnetz der DSW21 darfst du dein Rad werktags erst ab 9.00 Uhr mitnehmen. Ob die Mitnahme für dich kostenlos ist oder ob du ein zusätzliches Ticket lösen musst, hängt auch hier ganz von der Art deines Abos ab.
www.bus-und-bahn.de --> Tickets

Die Öffentlichen

Das bestens ausgebaute Dortmunder Schienennetz und zuverlässige Busse und Bahnen hast du der **DSW21**, den Dortmunder Stadtwerken, zu verdanken, die den ÖPNV innerhalb Dortmunds regelt. Hierzu gehören U-, Stadt-, Straßenbahnen und Bus, sowie die H-Bahn. Manch ein Dortmunder wird sagen, dass er seine Stadt von unten besser kennt als von oben, denn die Stadt- bzw. U-Bahn ist hier gern genutztes Fortbewegungsmittel. www.bus-und-bahn.de

Die **H-Bahn** ist eine Dortmunder Besonderheit. Diese Hängebahn fährt zwar nur auf dem Unicampus und nach Eichlinghofen, dafür aber komplett führerlos. Ein kleines Highlight – nicht nur für Studenten!
www.h-bahn.info

Im Innenstadtbereich verkehren die Öffentlichen häufig im 10-Minuten-Takt, zu Stoßzeiten kann es allerdings trotzdem sehr kuschelig werden. Wenn der Schienenverkehr zu späterer Stunde eine Pause einlegt, bringen dich die 17 Nachtbuslinien des DSW21 sicher nach Hause.

Ausführlichere Infos zum Nachtverkehr findest du im Kapitel „Feiern" ab Seite 164.

Eine normale Einzelfahrkarte kostet dich in Dortmund als Erwachsener 2,60 Euro. Legst du nur eine kurze Strecke zurück, kannst du für bis zu drei Haltestellen auch ein günstigeres Kurzstreckenticket für 1,60 Euro lösen. Wenn du am gleichen Tag öfter hin- und her fahren musst, lohnt sich schnell die Tageskarte für 6,60 Euro. Alle, die den Öffentlichen treu sind und regelmäßig Bus und Bahn fahren, besorgen sich am besten eine Monatskarte. Die gibt es in verschiedenen Abos mit unterschiedlichem Leistungsumfang.

Dortmund endlich Dortmund endlich endlich

Welches der passende Tarif für dich ist, kannst du von Angesicht zu Angesicht im **DSW21-KundenCenter Petrikirche** (Kampstr. 46) herausfinden. Wer sich lieber selbständig durchs Netz klickt, findet alle Infos zu Abos, Tarifen, Fahrplänen und vielem mehr unter: www.bus-und-bahn.de

Gut hat's, wer Student ist, denn das **SemesterTicket NRW/VRR** ist im Semesterbeitrag bereits enthalten und gilt das gesamte Seme-ster lang in ganz (!) NRW. Besonderes Plus: Du darfst im VRR-Gebiet werktags ab 19.00 Uhr und am Wochenende den ganzen Tag lang eine weitere Person kostenlos mitnehmen. Ein vergleichbares Abo-Ticket gibt es einfach nicht! www.asta-dortmund.de

--> Service & Beratungen --> SemesterTicke

Ab Dortmunds Stadtgrenzen übernimmt der **VRR** (Verkehrsverbund Rhein-Ruhr) den regionalen Bahn-Verkehr. Leider sind die Züge in Deutscher-Bahn-Manier regelmäßig zu spät. Ein lästiges Übel, mit dem du dich allerdings arrangieren lernen solltest, wenn es dich aus Dortmund heraus in die umliegenden Städte des Ruhrgebiets zieht. www.vrr.de

Mit dem Auto

Wartende Autos, fluchende Fahrer – Stau gehört zu Dortmund wie die Borussia. Gerade wenn du auf der B1 unterwegs bist, kannst du ein dickes rotes Kreuz im Kalender machen, wenn du hier mal nicht warten musst. Kurzum: Die Verkehrssituati-on in Dortmund ist eher angespannt und insbesondere im Berufsverkehr ist die Stadt komplett dicht. Inner-halb Dortmunds wirst du ohne Auto glücklicher und brauchst es im Grunde sowieso nicht. Falls du Pendler bist oder aus anderen Gründen nicht auf dein Auto verzichten kannst, musst du wohl oder übel schon einmal deinen Vorrat an Hörbüchern aufstocken.

Für Umzüge, weitere Touren oder auch den Großeinkauf vor der nächsten Party, gibt es manchmal aber kaum eine Alternative zum Auto. Wenn du nicht auf die üblichen Mietwagen-Unternehmen zurückgreifen willst, probier es doch einfach mal mit Carsharing!

Dieser Trend ist auch an Dortmund nicht vorbeigegangen und so buhlen mit **Willmobil Carsharing** ein lokaler und mit **Flinkster** ein überregionaler Anbieter um deine Gunst. Vorher online die Angebote zu vergleichen, kann nicht schaden! www.willmobil.de www.flinkster.de

Das Projekt **RUHRAUTOe** ist wohl die umweltfreundlichste Variante des Carsharings. Hier gehören fürs grüne Gewissen ausschließlich Elektrofahrzeuge zum Fuhrpark. Wie der Name sagt, sind diese auch nicht nur in Dortmund, sondern in allen größeren Städten des Ruhrgebiets verfügbar. www.ruhrauto-e.de

Flughafen

Dass Dortmund einen Flughafen hat, ist außerhalb des Ruhrgebiets nicht unbedingt jedem bekannt. Und selbst die Dortmunder fragen sich manchmal nach dem Sinn oder Unsinn ihres Flughafens. Fest steht jedenfalls, dass er nicht gerade ein Tor in die große weite Welt ist, aber für Ziele innerhalb Europas wie Mallorca, Split oder Porto kann es manchmal doch ganz praktisch sein, ihn vor der Haustür zu haben. www.dortmund-airport.de

lecker
lecker

lecker

mampf

Fast F

Restaurant

Restaura

Ess

Hunger?

Hunger?

Hunger?

Hunger

Hunger

Hunger

Essen

Essen

Essen

Kochen

Essen

mampf

Kochen

mampf

Essen

Hunger

Fast Food

Fast Food

Fast Food

Food

mampf

endlich

Hunger? Hunger?

Essen
zu Hause

Selbstgemachte Tartes, vegane Peking-Ente oder auf den Punkt gegartes Roastbeef: Kochen lag bei jungen Leuten noch nie so sehr im Trend wie heute. Man lädt Freunde nicht mehr nur zum bloßen Essen von Nudeln mit Tomatensoße ein und der Kühlschrank beinhaltet Produkte aus aller Welt. Denn Kochen ist weit mehr als die reine Zubereitung und Aufnahme von Lebensmitteln: Es ist Lifestyle und auch gekonnte Selbstinszenierung. Mit dem Smartphone wird das hübsch angerichtete Essen möglichst authentisch fotografiert und mit dem Hashtag #foodporn in Windeseile in den sozialen Netzwerken verbreitet.

Ja, es ist kein Geheimnis: Dortmund ist nicht gerade der kulinarische Mittelpunkt der Welt. Trotzdem hat die Stadt im Pott in Sachen Essen mehr zu bieten als man zunächst vermuten könnte. Die folgenden Seiten zeigen dir, wo du deine Alltagseinkäufe erledigen kannst und in welche Bioläden, exotischen Shops und Bäckereien ein Abstecher lohnt.

Bio-Supermärkte

Bio mitten im Ruhrgebiet? Das war vor fünfzehn Jahren noch reine Utopie. In der Malocherstadt zählte damals nur eins: Essen soll satt machen! Das ist auch heute nicht falsch, inzwischen spricht aber zunehmend das ökologische Gewissen ein Wörtchen mit und so findet man auch in Dortmund immer mehr „grüne" Läden.

basic (Kampstr. 102) ist einer der größten Bio-Supermärkte in Dortmund. Hier gibt es jede Menge Obst und Gemüse, Käse und Fleisch von der Theke, eine tolle Auswahl an Bio-Weinen, Tiefkühlprodukte und sogar Naturkosmetik. Ein Sortiment wie in einem herkömmlichen Supermarkt, nur eben alles in guter Bio-Qualität.
www.basicbio.de --> Märkte --> Dortmund

Die beiden Filialen des **SuperBio-Markts** (Westfalendamm 285, Harkortstr. 18) haben ein ähnlich großes Sortiment wie der basic. Die Auswahl an den langen Käse- und Fleischtheken ist super und in der großen Naturkosmetikabteilung kannst du dich mit haut- und umweltverträglichen Produkten eindecken. www.superbiomarkt.de

Auch ein **denn's Biomarkt** (Lindemannstr. 6–8) hat es mittlerweile nach Dortmund geschafft. Neben Bio-Lebensmitteln und vielen laktose- und glutenfreien Produkten gibt's auch hier ein gutes Angebot an Naturkosmetik. Toll für Studenten: Gegen Vorlage des gültigen Studentenausweises bekommst du jeden Mittwoch 6 % Rabatt auf deinen Einkauf. www.denns-biomarkt.de

--> Standorte: Dortmund

Kleinere Bioläden

Neben den großen Bio-Supermärkten halten sich in Dortmund auch tapfer einige kleinere Bioläden. Einen Besuch wert sind besonders folgende:

Das **Kornhaus Naturkost** (Lindemannstr. 14) bietet nicht nur eine Vielfalt an Getreidesorten, sondern auch eine hervorragende Auswahl an regionalen, saisonalen und fair gehandelten Produkten. Du findest hier Obst, Gemüse und Hülsenfrüchte in Hülle und Fülle, leckeres Bio-Brot in allen möglichen Variationen und dazu passende schmackhafte Aufstriche fürs Frühstück oder Abendbrot. www.kornhaus-naturkost.de

Im **Naturkostladen am Tierpark** (Mergelteichstr. 47) stehen dir die Mitarbeiter stets kompetent mit Rat und Tat zur Seite. Daneben kannst du leckere Bio-Snacks kaufen, die du anschließend im Zoo

bei einem kleinen Picknick genüsslich verzehren kannst. Koffein-Junkies freuen sich über die besonders feine Kaffeeauswahl.

Märkte

Egal, in welchem Stadtteil du wohnst: Einmal in der Woche kannst du die schnöde Laden-atmosphäre getrost hinter dir lassen und stattdessen über einen nahegelegenen Markt schlendern. Der größte Wochenmarkt befindet sich mitten in der Stadt auf dem Hansa-platz. Dort bekommst du nahe-zu alles: frischen Fisch, regiona-

les Obst und Gemüse, Brot von traditionellen Bäckern, orientalische und asiatische Gewürze oder aber eine echte Dortmunder Curry-wurst. www.dortmunder-wochenmarkt.de

Eine Übersicht über alle Dortmunder Wochenmärkte findest du auf den Seiten 76-77.

Gemüsekisten

Du hast keinen Garten oder keine Zeit, auf den Markt zu gehen, willst aber trotzdem knackiges Gemüse direkt vor deiner Haustür? Dann lass dir einmal pro Woche eine Kiste mit frischem, regionalen Grünzeug bringen.

Bei den beiden Anbietern **Weidenhof** und **AboKiste** suchst du dir online die Kiste mit dem für dich passenden Sortiment aus, wählst einen Lieferrhythmus und freust dich auf das frische Grünzeug. www.weidenhof.net www.abokiste24.de

Dortmund   Dortmund

endlich

endlich   endlich

Wochen

Brackel
Oberdorfstr.
Do 7.00–13.00 Uhr

Aplerbeck
Köln–Berliner-Str.
Do 7.00–13.00 Uhr

Lütgendortmund
Limbecker Str.
Mi & Sa 7.00–13.00 Uhr

Dorstfeld
Wilhelmsplatz
Di & Fr 7.00–13.00 Uhr

Hansa-Markt
Hansaplatz
Mi 7.00–14.00 Uhr
Fr 8.00–15.00 Uhr
Sa 7.00–15.00 Uhr

Huckarde
Rahmer Str.
Di & Fr 7.00–13.00 Uhr

Davidismarkt
Kaiserstraßenviertel
(Davidisstr.)
Mi & Sa 7.00–13.00 Uhr

ärkte *endlich*

Eving
Bayrische Str.
Di & Fr
7.00–13.00 Uhr

Hombruch
Harkortstr. 57
Mi & Sa
7.00–13.00 Uhr

Nordmarkt
Nordmarktplatz
(Mallinckrodtstr.)
Di & Fr 7.00–13.00 Uhr

Mengede
Mengeder Markt
Mi & Sa 7.00–13.00 Uhr

Scharnhorst
Buschei, Schulparkplatz
Do 7.00–13.00 Uhr

Hörder Stiftsmarkt
An der Schlanken Mathilde,
(Hermannstr.)
Di & Fr 7.00–13.00 Uhr

Dortmund   Dortmund   endlich

endlich   endlich   endlich

Besondere Einkaufstipps

Ob für gutes Brot, süße Sünden oder um dich einmal rund um den Globus zu futtern: In Dortmund gibt es eine Menge toller Läden, die dich mit den frischesten und besten Zutaten eindecken.

Brot und Brötchen

Neben den weitverbreiteten Billigbackshops gibt es in Dortmund noch einige Bäckereien, die ihr echtes, ursprüngliches Handwerk beherrschen und deinen Gaumen richtig verwöhnen. Folgende Adressen solltest du dir merken:

Das **Schürener Backparadies** (Gevelsbergstr. 26) trägt nicht umsonst das Paradies im Namen. Insbesondere Fans von süßem Gebäck kommen hier voll auf ihre Kosten. Prall gefüllte Windbeutel, Croissants mit Marzipan oder Schokolade, feine Torteletts mit Obst der Saison oder liebevoll gestaltete Torten – du hast vor Ort die Qual der Wahl. www.schuerener-backparadies.de

Die Bäckerei **Fischer am Rathaus** (Betenstr. 14) versorgt Dortmund seit 1848 mit über 30 Sorten Brot und ofenfrischen Brötchen. Der traditionelle Bäcker mit seiner nostalgischen Einrichtung ist insbesondere für seinen Salzkuchen bekannt, ein mit Kümmel bestreutes Brötchen mit Loch in der Mitte. Pflichtkauf! www.fischer-am-rathaus.de

Sowohl süße auch als herzhafte Naschereien und einfach gutes Brot findest du bei **Dahlmann** (Mallinckrodtstr. 30, weitere Verkaufsstellen auf der Webseite). An die Traditionsbäckerei ist ein kleines Sitzcafé angeschlossen, in dem du gemütlich einen Kaffee schlürfen kannst. www.dahlmann-original.de

Auch bei **Böhmer** (Uhlandstr. 40, Oesterholzstr. 73, weitere Filialen auf der Webseite) wird alles selbst gebacken. Insbesondere die

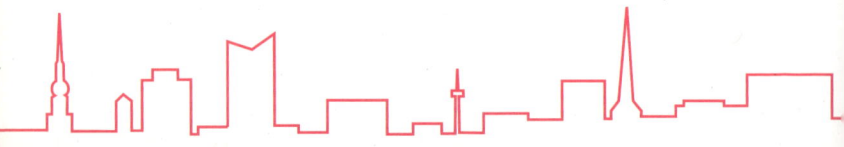

Brötchen sind hier herrlich luftig und haben eine tolle, krosse Kruste. www.baeckerei-boehmer.de

Türkisch-Orientalisch

Der **Ankara Süpermarket** (Im Schellenkai 53) verführt und entführt dich mit seinem riesengroßen und abwechslungsreichen Angebot in Richtung Orient. Türkisch, persisch oder arabisch: Hier schlendert man wie auf einem großen Basar von Regal zu Regal.

Im **Gazi Market** (Seekante 5) ist das Angebot ein wenig kleiner, dafür liegt der Fokus hier umso mehr auf ursprünglichen, einheimischen Produkten. Du brauchst dabei überhaupt keine Scheu vor Neuem haben: Falls du mal etwas nicht (er)kennst, frag einfach die netten Verkäufer, die helfen dir gerne weiter.

Asiatisch

Im **Tain Kim Heng Supermarkt** (Hohe Str. 62) findest du einfach alles, was du sonst nur in Thailand, Vietnam oder China bekommst. Frischen Koriander, Currypasten, Lotoswurzel und sogar Entenfüße. Außerdem kannst du hier auch das passende Zubehör für ein authentisches Asia-Dinner erstehen. www.tkh-supermarkt.de

Der **Asia Markt 105** (Kaiserstr. 105) befindet sich östlich der Innenstadt und ist immer einen Abstecher wert, wenn du Inspirationen für dein nächstes Essen mit Freunden brauchst. In den gut gefüllten Regalen findest du Gemüse, Kräuter, Gewürze und den passenden Reiswein oder -schnaps. www.asia-markt-105.com

Im **TTS Brothers** (Rheinische Str. 52) kann man sich einfach mal treiben lassen. Zwischen Kurkuma, Zitronengras und einem Dutzend unterschiedlicher Sojasoßen springt dir garantiert das ein oder andere Produkt ins Auge, das deine Neugier weckt.
www.tts-brothers.de

Italienisch

Pasta-Abend in geselliger Runde geplant? Oder willst du selbst eine richtig italienische Pizza backen? Mit Hilfe dieser zwei Läden ist das kein Problem:

Bei Pino (Galoppstr. 9) entdeckst du eine kleine, aber feine Auswahl an verschiedenen italienischen Delikatessen. Feinster Schinken, cremiger Büffelmozzarella und kräftige Pestos warten dort auf dich.
www.bei-pino-feinkost.de

Im großen italienischen Supermarkt **Andronaco** (Gut-Heil-Str. 5) gibt es auf über 1.000 m² das ganze kulinarische Italien. Der „Grande Mercato" lockt mit frischer Pasta, einer eigenen Metzgerei mit hausgemachter Mortadella und einer beachtlichen Weinauswahl.
www.andronaco.info --> Standorte --> Dortmund

Schokolade

Neben feinen Pralinen und Schokoladenkreationen bekommst du im **Pott au Chocolat** (Hansastr. 99, Kaiserstr. 61) auch tolle Dortmund-Mitbringsel. In den zwei Läden gibt es alle Sehenswürdigkeiten Dortmunds und des Ruhrgebiets – aus Schokolade geformt

oder auf Pralinen gedruckt. Lecker sind die handgefertigten Süßigkeiten obendrein. www.pottauchocolat.de

In der **Pâtisserie & Chocolaterie Monika Wechsler** (Hermannstr. 130) entstehen die schokoladigen Leckereien vor deinen Augen. Direkt hinter dem winzigen Laden befindet sich nämlich die Werkstatt, in der in Handarbeit Pralinen, dekorierte Törtchen und variantenreiche Schokoladen hergestellt werden.
www.monika-wechsler.com

Bringdienste

Manchmal gibt es diese Tage: Man hat auf nichts Bock, will am liebsten nur die Füße hochlegen, den Fernseher anschmeißen und irgendwas Leckeres essen. Wie gut, dass es in der Ruhrmetropole einen Haufen Lieferdienste gibt, die dir das Essen quasi bis an die Couch bringen.

Pizza und Pasta

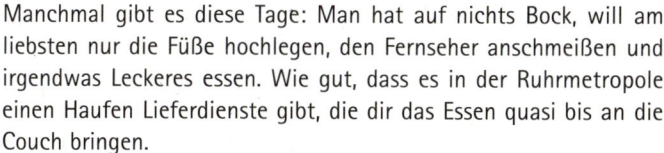

Pizzaboten, so hört man, sollen schon zahlreiche Abende gerettet haben. Klingeln die kulinarischen Helfer mit den Pappkartons in letzter Not, verwandeln sich die grimmigen, hungrigen Gesichter auf einen Schlag! Auch wenn fast jeder seine persönliche Lieblingspizzabude hat – die folgenden Anwärter stillen deinen Pizzahunger ganz bestimmt:

Die **Pizzeria Casa Mia** (Bärenbruch 4) liegt mitten in Marten und fertigt solide Steinofenpizza. Daneben findest du hier auch Baguettes und ein reichhaltiges Pasta-Angebot. Die Tortellini mit Gorgonzolasoße klingen nicht nur lecker, sie sind es auch! Aber auch die Fleischgerichte sind einen Bissen wert. Geliefert wird in Dortmunds Westen. Tel.: 0231/6108287 www.pizzeria-casa-mia.de

Die **Pizzeria Delhi-Roma** (Berghofer Str. 72) ist dafür bekannt, blitzschnell zu liefern. Kaum bestellt, darfst du dich schon über deine üppig belegte „Pizza Tonno" freuen. Daneben bietet der Laden auch diverse indische Spezialitäten an. Tel.: 0231/58443110

Der Name **Ginosa Marina** (Kaiserstr. 109) steht für groß, dünn und knusprig – und damit für eine der leckersten Pizzen in der Nähe der Dortmunder Innenstadt. Daneben wartet hier auch Pasta darauf, in deinen hungrigen Magen zu wandern. Probier doch mal die Tagliatelle mit Käsesoße oder eine Lasagne. Tel.: 0231/556056
www.ginosa-marina.de

Griechisch

El Greco Grill (Schüruferstr. 300) bringt dir Gyros mit vielen Zwiebeln, ordentlich Zaziki und Pommes in deine vier Wände. Du kannst zwar auch Pastagerichte oder Jägerschnitzel bestellen, aber die Stärke des Restaurants ist – wen wundert's – tatsächlich der griechische Teil der Speisekarte. Tel.: 0231/455007
www.elgrecogrilldortmund.de

Asia

Bella Asia (Weißenburger Str. 24) kocht einfach und ehrlich. Hier duftet jedes Gericht nach den typischen Aromen Asiens: Scharf, erfrischend und etwas exotisch. Besonders die vegetarischen Gerichte finden regen Anklang. Interessanterweise gibt es auch Pizza, aber wie war das mit dem Schuster und seinen Leisten ...?
Tel.: 0231/9509998 www.bellaasia.de

Der **China Man** (Kaiserstr. 216) liefert feurige Currys und knusprige Enten. Dabei wird immer mit dem Credo der chinesischen Küche gekocht: Frisch, schnell und lecker. Zum Nachtisch eine heiße Banane mit Honig ordern! Tel.: 0231/56225622

Aroy Dee (Rheinische Str. 71a) steht für authentische, aromatische Thaiküche: scharf angebratenes Gemüse, verschiedene pikante Soßen und Gewürze, ganz pur oder mit Nüssen, Fleisch oder Fisch veredelt. Tel.: 0231/1629940 www.aroy-dee-dortmund.de

Der **Asia-Imbiss Fanzy** (Märkische Str. 137) bietet eine breite Palette an asiatischen Gerichten an. Ganz egal ob chinesisch, thailändisch oder vietnamesisch, hier wird bunt gemixt und es schmeckt trotzdem. Nur das vegetarische Sortiment ist etwas dürftig. www.asiaimbissfancy.de

Sushi

Sushi Kaiser (Kaiserstr. 5a) liefert euch die rohen Fischhäppchen direkt nach Hause. Auf der Speisekarte stehen neben den typischen Sushi-Variationen ebenfalls einige vegetarische Rollen. Und wer doch keine Lust hat, auf der eigenen Couch zu speisen, kann in die Sushi-Bar auch einkehren. Tel.: 0231/88059885 www.sushikaiser-dortmund.de

Persisch-orientalisch

Der Name **Gasthaus Kaiser** (Wilhelmstr. 42) klingt nicht gerade sehr exotisch. Aber hier kannst du persisch-orientalische Köstlichkeiten wie Kaschke Badendjan (Auberginenmus mit persischem Quark und Gemüse) oder Kabab-Kubideh (Grillspieße aus Lammhack mit Safranreis) ordern. Tel.: 0231/95256688 www.gasthauskaiserdortmund.de

Burger und Co.

Burger2you (Güntherstr. 114) bringt dir saftige Burger und frisch frittierte Pommes bis vor die Tür. Ob klassischer Cheeseburger oder mit knusprigem Bacon: Wer Lust auf ein bisschen USA-Flair zu Hause hat, ist hier richtig. Tel.: 0231/95299110 www.burger2you.de

Dortmund endlich Dortmund endlich endlich endlich

Hunger? Hunger?

Essen
unterwegs

Restaurant Fast Food

Currywurst
Speisekarte Pizza
sekarte
Fast Food
Döner Restaura

Schnell und auf die Hand

Es kommt spontan, unangekündigt und meistens dann, wenn man irgendwo unterwegs ist: Dieses Gefühl, dass man genau jetzt auf der Stelle etwas zu Essen braucht – Heißhunger! Gemein, unberechenbar und kaum auszuhalten. Die folgenden Adressen sind die optimale Lösung dagegen, denn hier bekommst du schnelles und leckeres Essen auf die Hand.

Mit alles und scharf?

Döner geht eigentlich immer. Kein Wunder also, dass in Dortmund an fast jeder Ecke eine Dönerbude zu finden ist. Fang beim Durchprobieren am besten erst mal mit folgenden Empfehlungen an:

Ali Baba (Köln-Berliner Str. 2) ist eine echte Institution in Dortmund. Hier schmeckt es so unschlagbar gut, dass sich sogar der Weg nach Aplerbeck lohnt. So muss ein Döner sein!

Authentischer als im **Güleryüz Kebaphaus** (Bachstr. 5) in der Nordstadt geht es in Dortmund kaum. Hier bekommst du den Döner „the turkish way"!

Der Döner bei **Ankara 06** (Rheinische Str. 90) ist grundsolide und der Imbiss schnell von der City aus zu erreichen. Perfekt für den Döner zwischendurch.

Der **Pamukkale Grill** (Luisenstr. 36) liegt mitten im Kreuzviertel und ist (noch) ein kleiner Geheimtipp. Hier wird sogar das Fladenbrot selbst gebacken.

Heiß und fettig aus dem Wok

Die asiatische Küche bedient mit ihrer großen Bandbreite fast jeden Geschmack. Ob scharf, süß-sauer oder herzhaft-deftig, in den folgenden Läden findest du bestimmt etwas nach deinem Geschmack:

Bui (Körner Hellweg 97) ist in ganz Dortmund bekannt. Auch wenn er nicht ganz zentral in der Innenstadt liegt, lohnt es sich, einen Abstecher zu diesem Imbiss zu machen: Eine abwechslungsreiche Karte und immer wieder wechselnde Tagesgerichte machen das wenig behagliche Ambiente schnell wieder wett.

Der **China Imbiss Nam** (Grüne Str. 19) ist ein kleiner Laden mit großen Portionen. Die Preise sind fair und das Personal immer freundlich. Darum ist er einen Besuch wert, immer wenn dich der Hunger nach einem asiatischen Imbiss überkommt.
www.china-imbiss-nam.de

Geschmacklich besonders gut ist der **China Imbiss Jade** (Benninhofer Str. 101). Hier wird ordentlich gewürzt und schnell gekocht. Beim Warten kannst du der blitzartigen Schneidetechnik der Köche zusehen. www.chinaimbissjade.de

Currywurst, Pommes und Co.

Wo, wenn nicht hier? Zugegeben: Dortmund ist nicht gerade für seine kulinarische Szene bekannt, aber Currywurst, das kann Dortmund! Saftig muss die Wurst sein, leicht pikant und süß die Currysoße, dazu gute Pommes mit einem Klecks Mayonnaise et voilà: Die Mahlzeit, bei der dir das Herz aufgeht, ist perfekt.

Die **CurryFan Wurstbude** (Ostenhellweg 5) wurde mehrfach ausgezeichnet und besticht durch ihre absolut zentrale Lage. Hier ist die Schlange nie so lang wie bei Wurst Willi, aber die Wurst schmeckt trotzdem prima. Die Pommes sind schön groß und knusprig. www.curryfan.de

Zur Crème de la Crème der Currywurstbuden zählt **Wurst Willi** (Petrikirchhof) direkt gegenüber von Saturn. Lass dich von der langen Warteschlange nicht abschrecken, die Bestellungen werden zügig abgearbeitet und die Currywurst und Pommes belohnen das Warten definitiv.

Der Thüringer (Markt 2) ist in jeder Mittagspause ein populärer Anlaufpunkt. Die Pommes sind hier etwas kleiner als an den anderen Wurstbuden, dafür hat die Soße mehr Pepp.
www.der-thueringer.de

Zum Auslöffeln

An beiden Dortmunder Standorten bietet die **Suppen-Fabrik** (Kaiserstr. 43, Saarlandstr. 60) frischgekochte Suppen in allen Geschmacksrichtungen an. Ganz egal, ob Thai-Garnelen-Kokos-Suppe oder Westfälischer Linseneintopf mit Mettenden, die Gerichte sind frisch und von bester Qualität. www.suppen-fabrik.de

Bei **Lucky Soup** (Gerstenstr. 2) werden nicht nur sättigende Eintöpfe und Suppen serviert, sondern auch Salate und tolle Smoothies. Die Einrichtung ist gemütlich und einladend und das Angebot wechselt monatlich. www.luckysoup.de

Alles auf einmal!

Du willst dich einmal quer durchfuttern? Das geht am besten in der obersten Etage der **Thier-Galerie** (Westenhellweg 102-106). Dort findest du einen kunterbunten Mix an Snackangeboten: Heimisches, Italienisches, Asiatisches, Exotisches, Fisch, Fleisch, Vegetarisches oder was Süßes.

Kleiner Nachteil: Hier ist es eigentlich immer voll und so richtig gemütlich ist das Shopping-Mall-Flair leider auch nicht. Aber dafür hast du die freie Wahl. www.thiergalerie.de --> Genießen

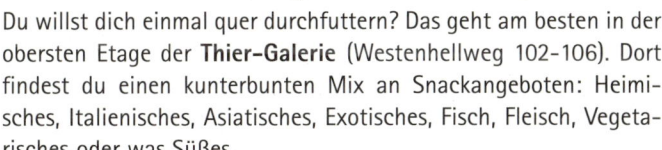

Mittagspause

Wer keine Stammkantine hat, steht jeden Mittag vor derselben Entscheidung: Was gibt es zu essen und vor allem wo? In der Innenstadt machen gefühlt jeden Tag zehn neue Anlaufstellen für den kleinen oder großen Hunger auf. Hier eine kleine Orientierungshilfe, wo es sich lohnt, mittags einzukehren:

Auch Nicht-Studenten können in den **Mensen der TU Dortmund** essen. Sie zahlen dafür etwas mehr, dennoch bleiben die Preise fair. Das Essen ist Geschmackssache, die Auswahl dafür sehr groß. Was es in den verschiedenen Mensen auf dem Campus Nord (Vogelpothsweg 85), Campus Süd (August-Schmidt-Str. 2) und in der Innenstadt (Sonnenstr. 96) gibt, kannst du vorab hier nachschauen: www.stwdo.de --> Gastronomie --> Speisepläne

Um im **AOK Kantinenrestaurant** (Königswall 22-25) essen zu dürfen, musst du weder AOK-Mitarbeiter noch -Mitglied sein. Hier gibt es insbesondere auch für Vegetarier echte Leckerbissen.

Birgits Bistro (Otto-Hahn-Str. 11), die Kantine des Max-Planck-Instituts, bietet einen sehr überschaubaren Mittagstisch, der aber meistens richtig lecker und von guter Qualität ist.
www.birgits-bistro.kmu2web.de

Einen feinen Mittagstisch gibt es bei **Wenkers am Markt** (Betenstr. 1). Der Preis bewegt sich auf mittlerem Niveau, wahlweise kannst du noch eine Vorspeise oder ein Dessert zum Mittagsgericht dazu bestellen. www.wenkers.de --> Tagesmenü

Vegetarier und Veganer aufgepasst! Im **Guttut** (Lindemannstr. 4) lautet das Motto „Entschleunigung". Die Speisekarte ist extra kurz gehalten, damit alles immer frisch und aus besten Bio-Zutaten ist. Der Mittagstisch hat für Veganer und Vegetarier immer was Passendes parat, beispielsweise Reis mit Cashewsoße, Chili sin Carne oder Dinkel-Soja-Burger. www.guttut.de

Internationale & regionale Küche

Regionale Küche und Dortmunder Spezialitäten

Mitten in der Innenstadt steht direkt am „Bläserbrunnen" das Traditionsgasthaus **Zum Alten Mark**t (Markt 3). Hier kannst du dir deftige westfälische Spezialitäten wie Dortmunder Bergmannsbraten, Pfefferpotthast oder eine Schlachtplatte schmecken lassen. www.altermarkt-dortmund.de   Pfefferpotthast? s. „Mythen", S. 242

Im Kreuzviertel versorgt dich **Kumpel Erich** (Kreuzstr. 87) abends mit deftiger Hausmannskost und viel Ruhrpott-Charme. Neben Pfefferpotthast und Bierhuhn ist auch die Vielfalt an Bratkartoffel-Gerichten nicht zu verachten! www.kumpel-erich.de

Das **Haus Hunke** (Syburger Str. 84) hat sich ebenfalls traditionellen Gerichten aus der Region verschrieben. Das Gasthaus, das seit über

100 Jahren als Familienbetrieb geführt wird, liegt zwar ganz im Grünen im südlichsten Zipfel von Dortmund, ist die Anreise aber definitiv wert. www.haus-hunke.de

Das traditionelle **Alte Gasthaus Grube** (Wambeler Hellweg 131) kann sogar auf eine über 150-jährige Geschichte zurückblicken und serviert gutbürgerliche deutsche und westfälische Küche. Nachdem du vom aufmerksamen Service verwöhnt wurdest, gehst du hier auf jeden Fall satt und glücklich nach Hause. www.gasthaus-grube.de

Italienisch

Pizza, Pasta und Amore: Gibt es eigentlich irgendjemanden, der der italienischen Küche feindlich gesinnt ist? Potenzielle Kandidaten für deinen neuen Lieblingsitaliener in Dortmund findest du hier:

Urig und gemütlich geht es in der **Trattoria Da Rocco** (Asselner Hellweg 133) zu. In der mit dunklen Holzmöbeln geschmackvoll eingerichteten Stube werden traditionell alte Familiengerichte gekocht und gebacken. Hausgemachte Nudeln, Pizzavariationen, Eis – das ist Italien! www.trattoria-darocco.de

Mama Mia (Chemnitzer Str. 38) ist in erster Linie für die sehr leckere und knusprige Pizza bekannt und beliebt. Du solltest in diesem kleinen und feinen Restaurant aber unbedingt auch mal die anderen italienischen Spezialitäten kosten. Hier wird alles frisch und gekonnt aus besten Zutaten zubereitet. Da sind sogar Sonderwünsche wie glutenfreie Nudeln oder laktosefreie Soßen kein Problem. www.pizzeria-mama-mia.de

Das **Da Nino** (Edelstahlweg 1) liegt etwas versteckt in der Nähe eines Fitnessstudios. Trotz der kniffligen Lage ist der Italiener stets gut besucht. Das liegt sicher auch an den hervorragenden mediterranen Fischgerichten sowie an den köstlichen und teils außergewöhnlichen Pasta-Variationen. www.restaurantdortmund.com

Das **Meisterhäuschen** (Sonnenstr. 74) kommt alleine schon vom Namen nicht wie der traditionelle Italiener um die Ecke daher. Hier geht es in schlichtem Ambiente entspannt zu und du genießt unkomplizierte, aber dennoch raffinierte mediterrane Küche. Das Geheimnis sind die frischen Zutaten, aus denen Dinge wie Roastbeef mit Rucola oder selbstgemachte Pasta mit Pilzen gezaubert werden. www.meisterhaeuschen.de

Griechisch

Lust auf feine Moussaka oder zart geschmortes Lammfleisch? In der **Taverne Epsilon** (Weißenburger Str. 42) gibt es nicht nur perfekt zubereitete, traditionelle Gerichte, sondern auch eine wunderbare Weinauswahl. Da fühlst du dich sofort wie im Griechenland-Urlaub. www.taverne-epsilon.de

Bei **Akropolis** (Körner Hellweg 57) gibt's deftige und riesengroße Portionen Gyros mit Zwiebeln und Zaziki. Auch lecker: der große Akropolis-Teller, der einmal quer durch die Karte auftischt. Das reicht locker für zwei Personen! www.akropolis-dortmund.de

Marokkanisch

In stimmigem Ambiente kannst du im **Marrakesch** (Münsterstr. 81) marokkanische Spezialitäten entdecken. Aus der Tajine wird beispielsweise Lammfleisch mit Pflaumen und Mandeln, aber auch Vegetarisches serviert. Ab und an treten professionelle Bauchtänzerinnen auf. Und durch die Nachtischkarte könnte man sich lückenlos von oben bis unten durchfuttern! www.marrakesch-dortmund.de

Mexikanisch

Das **Atlantico Cafe** (Weißenburger Str. 35-37) ist immer rappelvoll. Kein Wunder, hier darf man Erdnussschalen auf den Boden werfen, die Cocktails sind lecker und es gibt diverse mexikanische Köstlichkeiten wie Tortillas, Nachos, gefüllte Enchiladas und Burritos zu erschwinglichen Preisen. www.atlantico-cafe.de

Im **Sausalitos** (Kleppingstr. 20) bekommst du TexMex-Spezialitäten, also einen bunten Mix aus Burgern, Enchiladas, Fajitas und Co. Dazu gibt es leckere Cocktails, die oft sehr aufwendig dekoriert sind. Auch hier ist meistens ordentlich was los. www.sausalitos.de

--> Mein Sausalitos
--> Dortmund

Portugiesisch

Wenn du Glück hast, triffst du im **Restaurant Carlos** (Benninghofer Str. 146a) den einen oder anderen BVB-Spieler an. Auch wenn oder vielleicht gerade weil man hier eng an eng beieinander sitzt, ist die Stimmung immer toll und die kleinen oder großen portugiesischen Happen sind das erst recht! www.carlos-dortmund.de

Bestes Fleisch mit guten Marinaden und direkt vom Spieß: Der **Churrasco Grill** (Münsterstr. 109) zeigt dir, wie Grillen auf Portugiesisch geht. Nicht nur das leckere Essen, auch die Herzlichkeit und Freude der Besitzer sorgen dafür, dass man sich hier einfach wohlfühlt. www.churrasco-grill.de

Spanisch

Die **Taberna Andaluza** (Danewerkstr. 1) nördlich des City-Rings serviert delikate Tapas und erstklassigen Schinken. Der Service ist immer ausgelassen fröhlich und macht gute Laune. www.tabernaandaluza.de

Das Ambiente im **La Paz** (Hansastr. 30) ist modern und familiär zugleich. Serviert werden spanische Spezialitäten und Tapas, z. B. Lachsringe mit Serrano, in Knoblauchöl gebratene Garnelen oder Seeteufel mit Manchego gratiniert und zum Nachtisch gibt's himmlische Crema Catalana. www.lapaz-dortmund.de

Asiatisch

Das **Yaki** (Mengeder Str. 702) zeigt dir, wie Grillen auf asiatisch geht: nämlich an in den Tisch eingebauten Privatgrills! Das Restaurant ist nicht nur geschmacklich außergewöhnlich, es besitzt auch ein stimmungsvolles und zeitloses Interieur. www.yaki-bbq.de

Das **Bamboo** (Olpe 39) serviert in freundlichen, schlichten Räumlichkeiten solides chinesisches Essen zu niedrigen Preisen. Ein Highlight ist das große Buffet, an dem du dir dein Mittagessen auswählst und anschließend im Wok oder auf dem Grill zubereiten lässt.

Im **Tam Nag Thai** (Hohe Str. 13) geht es authentisch thailändisch zu. Das Lokal ist von oben bis unten hölzern getäfelt und man sitzt auf Bodenniveau an niedrigen Tischen. Mit Rücksicht auf die ungelenken europäischen Beine befindet sich unter dem Tisch allerdings eine Fußmulde. Übrigens: Wer hier „scharf" bestellt, bekommt auch wirklich „scharf". www.tamnagthai.de

Türkisch

Im **Bosporus** (Chemnitzer Str. 94) isst du in der multikulturellen Nordstadt. Die Portionen machen satt und die Karte stellt dich vor die Qual der Wahl: Lieber gebratene Auberginen mit Joghurt und Tomaten, gebackener Schafskäse oder doch Hähnchenstreifen mit Walnusssoße und Kräutern?

Indisch

Der **Palace India** (Brackeler Hellweg 107) besticht durch seine schicke Einrichtung und solides indisches Essen wie Gemüsecurry, hausgemachten Rahmkäse mit Spinat, frische Okraschoten und eingelegtes Lammfleisch mit Ingwer. Leider liegt das Restaurant nicht ganz innenstadtnah. www.palace-india.de

Das **Taj Mahal** (Kampstr. 82) hingegen ist ein indisches Restaurant mitten in der City. Von Rotbarschfilet in roter Currysoße, Hähnchenbrust mit Pflaumen, Aprikosen und Gemüse bis zu Kichererbsen mit frischen Tomaten bekommst du hier die ganze kulinarische Vielfalt Indiens auf den Teller. www.tajmahal.de/dortmund

Amerikanisch

The American Way of Eating! Im **Pfefferkorn NY Steakhouse** (Hafenpromenade 1-2) bekommst du saftige Steaks, Burger und Pommes – und all das mit traumhaftem Blick auf den Phoenix-See. Das dunkle Holzparkett, die roten Sitzpolster und die eleganten Kronleuchter strahlen eine etwas gehobenere Atmosphäre aus. Nichtsdestotrotz ist die Stimmung meistens locker und angenehm. http://phoenix.pfefferkorn-restaurants.de

Auch das **Road Stop** (Hohensyburgstr. 169) ist mit seinem Burger- und Steakangebot amerikanisch ohne Ende. Am Eingang erwarten dich Flipperautomaten, Kickertische und ausgestellte Motorräder. Das Holzhaus mit seiner rustikalen Einrichtung hat einen großen Gastraum, einen noch größeren Biergarten, eine beeindruckende Theke und nette Servicekräfte. http://dortmund.roadstop.de

Das **Uncle Tom's** (Arneckestr. 76) kommt mit rustikaler Tennessee-Optik inklusive bequemer Kaminecke daher. Die Cocktails haben es in sich und die Küche brutzelt für dich Chicken Wings, Baked Potatoes und allerlei andere amerikanische Spezialitäten. www.uncle-toms-dortmund.de

Vegetarisch & vegan

Der Name **BeWitched Café** (Bissenkamp 11-13) täuscht, denn das familiengeführte Café bietet nicht nur Leckereien zum Kaffee, sondern verwöhnt dich auch mit herzhaften Köstlichkeiten: Dienstags, mittwochs und freitags gibt's wechselnde Tagesgerichte und donnerstags ist Dönertag. Alles homemade, komplett vegan und mit viel Liebe! www.facebook.com/bewitchedcafe

Das **Guttut** (Lindemannstr. 4) bietet zwar nicht ausschließlich vegane Küche an, trotzdem findest du in der rein vegetarischen Wochenkarte auch als Veganer eine gute Auswahl, die dein Herz höher schlagen lässt.

s. „Mittagspause", S. 89

Lecker & unkompliziert

Das **Café Max** (Kuckelke 14) serviert nicht nur Gebäck und Kaffee, wie es der Name vermuten lässt, es hat auch einfache und leckere Gerichte wie Kartoffelgratin, Nudelpfanne oder Möhrensuppe parat. Das Café liegt mitten in der Innenstadt und ist eigentlich zu jeder Tageszeit eine gute Anlaufstelle, um entspannt eine Kleinigkeit zu essen.

Die **Pasta Lounge** (Kaiserstr. 98) stillt mit günstigen Nudelgerichten deinen Pasta-Hunger. Die sind schmackhaft, unkompliziert und ohne viel Schnörkel. Genau so wie es einfach manchmal sein muss. www.pastalounge.net

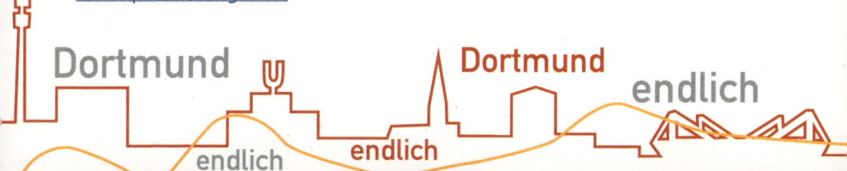

Dortmund
Dortmund
endlich
endlich
endlich

Das **Vabene** (Ludwigstr. 4-6) bietet ein gepflegt-lässiges Ambiente, immer volle Tische und Küche mit italienischem Touch. Wer auf moderne, mediterrane Küche steht, wird hier glücklich.
www.myvabene.de

Frau Weber kocht (Hansastr. 3) – vielleicht inspiriert vom künstlerischen Umfeld des benachbarten Museums – einfache, aber kreative Gerichte. Lass dich von der täglich wechselnden Speisekarte überraschen. www.frauweberkocht.de

Die liebevoll und gemütlich eingerichtete **Gaststätte Tremonia** (Tremoniastr. 70) liegt mitten im Schrebergarten Tremonia und serviert leckere, bodenständige Gerichte wie hausgemachte Kartoffelwedges, Hähnchencurry oder Gnocchi zu mehr als fairen Preisen.
www.tremonia-gaststaette.de

Tipp: Jeden Donnerstagabend kannst du hier komplett vegan tafeln und dich mit einem veganen 4-Gänge-Menü verwöhnen lassen. Unbedingt vorher reservieren!

Studentenkneipen

Im **Chill'R** (Brückstr. 32) kannst du klassische oder ausgefallene Burger von der Karte bestellen. Sind die nichts für dich, baust du dir einfach ganz nach deinem eigenen Geschmack selbst einen zusammen. Dazu lauschst du chilliger Musik vom DJ und schlürfst süffige

Cocktails. Kein Wunder, dass die gemütliche Kneipe immer gut besucht ist und die Abende hier nicht enden wollen. www.chill-r.net

Auch der **Salon Fink** (Nordmarkt 8) ist besonders bei Studenten beliebt. Wechselnde musikalische Veranstaltungen sorgen für genügend Unterhaltung. Die Getränkepreise sind günstig und wer seinen Hunger stillen will, ordert Bratkartoffeln, Pasta oder Fladenbrote mit Dip. www.salon-fink.de

Die **Chinba** (Kleppingstr. 24) ist ein asiatisch angehauchter, studentischer Hot Spot. In gemütlicher Atmosphäre findest du hier neben guten Cocktails auch leckeres Essen. Das Repertoire reicht vom kleinen Dim-Sum-Teller (quasi chinesische Tapas) bis zur ausgewachsenen gebratenen Ente. www.chinba.de

Besondere Lokalitäten

Möchtest du mal so richtig schick oder ausgefallen essen gehen oder jemanden zu einem ganz exquisiten Mahl einladen? Dann fülle deinen Geldbeutel auf und besuche am besten eine der folgenden Adressen:

La cuisine Mario Kalweit (Lübkestr. 21) steht für Spitzenküche. Hier kannst du dir ein Menü zwar nicht mal eben so leisten. Dennoch lohnt es sich, dem Restaurant einen Besuch abzustatten, denn trotz gehobener Küche ist die Atmosphäre hier ziemlich unverkrampft und der Service besticht durch seine ehrliche Freundlichkeit. Die raffinierten Kompositionen aus den allerbesten Zutaten werden deine Geschmacksknospen in Wallung bringen. www.mariokalweit.de

Dortmund   Dortmund   endlich
endlich   endlich

Einmal in einem Sterneres-taurant essen. Wer will das nicht? In Dortmund kannst du diesen Traum im **Restaurant Palmgarden** (Hohensyburg-str. 200) in der Spielbank Hohensyburg wahr werden lassen. Ganz in der Nähe von Roulettetisch und Co. darfst du dich auf eine moderne, filigrane und aromenstarke Küche und einen Gaumenkitzel der Extraklasse freuen. Ein Abend hier ist in jedem Fall unvergesslich. www.palmgarden-restaurant.de

Im **Overkamp** (Am Ellberg 1) genießt du westfälische Küche auf höchster Stufe. Das gehobene Ambiente wirkt gleichermaßen einla-dend und beeindruckend. Auch wenn Gerichte wie bunter Blattsa-lat, Rinderkraftbrühe oder Schweineschnitzel auf den ersten Blick eher einfach anmuten, die Qualität ist außergewöhnlich.

www.overkamp-gastro.de

Vorsicht, hier wird es heiß! Im **Hohoffs 800°** (Deusener Str. 215) dreht sich alles um erstklassiges Fleisch. Das Besondere: Die safti-

gen Fleischstücke werden in einem Spezialofen bei 800 Grad kurz gegrillt und bekom-men somit eine einzigartige Kruste. Aber nicht nur das Essen ist einmalig, das trifft auch auf die Kulisse des Holz-hauses zu. Für diesen Genuss lohnt es sich auch mal, etwas tiefer in den Geldbeutel zu greifen. www.hohoffs.de

Als Kontrastprogramm zu kostspieliger Spitzenküche, die eher etwas für die ganz besonderen Anlässe ist, gibt es in Dortmund aber auch außergewöhnliche Lokalitäten für den normalen Geldbeutel:

In **Janka's Lokal** (Braunschweiger Str. 22) serviert dir Janka Thiemann saisonale Küche, kombiniert mit französischer, nordafrikanischer und Schweizer Kochkunst.

Ein Großteil der verwendeten Zutaten stammt außerdem aus dem Garten der Chefin höchstpersönlich. Auf der wechselnden Wochenkarte werden aber nicht nur Gemüsefreunde, sondern auch Fleischliebhaber fündig. Im Sommer kannst du es dir im wunderschönen Biergarten gemütlich machen. www.jankas-lokal.de

--> Biergarten: s. „Durst?" S. 111

Beim **Sissikingkong** (Landwehrstr. 17) denken die meisten vermutlich eher an wilde Partynächte als an kulinarisch extravagante Abende. Aber genau die kannst du im Restaurant über dem Clubkeller erleben. Hier steht nämlich nicht deftiges Kneipen-Fastfood auf der Karte, sondern frische Küche mit durchaus ungewöhnlichen Kreationen. www.sissikingkong.de

Handgemachte Burger aus dem Pott! Bei **Pottburger** (Kleine Beurhausstr. 20) bekommst du exklusive und mal etwas andere Burger. Hinter „Glückauf", „Bang Boom Bang" oder „Kaa Wuummm" verstecken sich Burger mit Erdnusssoße und Ananas, mit Zwiebelmarmelade oder geschmolzenem Gorgonzola. Vegetarische und vegane Burger gibt's ebenfalls reichlich – und dazu hausgemachte Limonaden. www.pottburger.com

Dortmund   Dortmund

endlich   endlich   endlich

Kaffee
endlich
Cappuccino

Durst?
Durst?
Durst?
Durst?
Bier
Bier
Bier
Bier
Wein
Wein
Wein
Kaffee
Bier
Cappuccino
Cappuccin
Cappuccino
Cappuccino
Kaffee
Wein
Bier

Der vielleicht häufigste Anlass, sich mit Freunden zu verabreden, ist wohl „was trinken gehen" – und dabei am Nachmittag in Ruhe in einem Café zu plaudern oder abends in der Bar zu versacken. Egal, ob du Lust auf einen Milchkaffee mit Flavour hast oder dir nach einem modischen Longdrink ist, ob du einen fruchtigen Weißwein bevorzugst oder lieber ein handfestes Bier – für alle Ansprüche ist in Dortmund etwas dabei. Besonders hoch ist die Kneipendichte im Kreuzviertel in der südlichen Innenstadt. An jeder Ecke findest du hier mindestens drei Cafés, Bistros oder Bars – und die meisten sind wirklich empfehlenswert! Aber natürlich hat Dortmund auch außerhalb des Kreuzviertels einiges zu bieten.

Was Heißes zum Wachwerden

„Die beste Methode, das Leben angenehm zu verbringen, ist, guten Kaffee zu trinken", erkannte bereits vor Jahrhunderten der irische Schriftsteller Jonathan Swift. Recht hat er, gibt es doch kaum etwas Gemütlicheres, als an verregneten Tagen mit Freunden im Café zu sitzen und den Duft von frisch gemahlenen Kaffeebohnen in der Nase zu haben. Hier findest du ein paar Cafés, in denen das besonders gut geht.

Noch ein Tipp vorab: Wenn du dich für einen gemütlichen Kaffeeplausch am Nachmittag verabreden möchtest, informiere dich besser vorher, ob zeitgleich der BVB spielt. Die meisten Cafés, Kneipen und Bars in Dortmund übertragen die Spiele und sind entsprechend gut besucht – und im schwarz-gelben Taumel herrscht dann eher Bierdurst als gediegene Caféhaus-Atmosphäre.

Cafés zum Hinsetzen

Linus (Propsteihof 9): Im Innenhof der Propsteikirche im Herzen der Innenstadt findest du hier einen ruhigen Zufluchtsort an lauten und

stressigen Stadt-Tagen. Die stylische Einrichtung erwartet man im Innenhof einer Kirche gar nicht – überzeugt aber absolut. Der Kaffee ist lecker, ebenso der Tee. Ein Klassiker und stets vorrätig ist die Kalte Schnauze, die solltest du unbedingt zum Kaffee probieren!
www.linus-dortmund.de

Café Lotte (Dresdener Str. 31): Das Café Lotte ist bereits ein Klassiker in der südlichen Innenstadt. Hervorragender Kaffee, leckerer Kuchen auf buntem Geschirr und heimeliges Ambiente laden zum Verweilen ein. Man muss manchmal schon Glück haben, um einen der Tische im kleinen Gastraum zu ergattern. Wohl nicht zuletzt deshalb hat das Café auch Zuwachs bekommen: die **Brasserie Café Lotte** (Kaiserstr. 15) in der östlichen Innenstadt, die zwar genauso gemütlich daherkommt, aber etwas geräumiger ist und zusätzlich eine Karte mit Hauptgerichten hat.

Café Asemann (Liebigstr. 24): Ein ganz typisches Kreuzviertel-Café: klein, gemütlich und charmant! Wer guten Kaffee zu schätzen weiß, ist hier genau richtig, denn du kannst zwischen verschiedenen Bohnensorten wählen. Richtig lecker ist auch der italienische Kakao (Vorsicht: sättigend!). www.cafeasemann.de

Wohnzimmer (Neuer Graben 16): Das Wohnzimmer ist ein weiteres bezauberndes Kreuzviertel-Café für alle, die die Gemütlichkeit des eigenen Wohnzimmers auch auswärts nicht missen möchten. Ein kleiner Gastraum, nette Leute und gute Qualität! Spannend: jeden Montagabend erwarten dich bei der „Brotzeit" außergewöhnliche Speisen aus fremden Ländern. www.wohnzimmer-cafebar.de

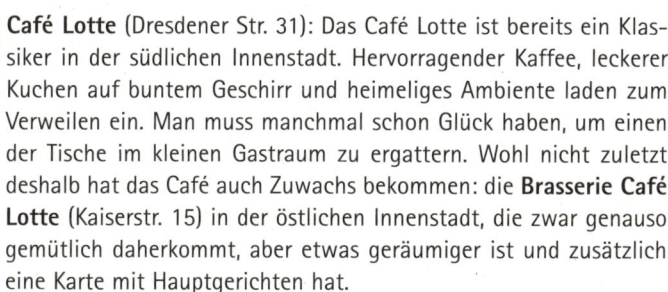

 **Café Crème** (Olpe 21): Das kleine französische Café der Schwestern Yasmin und Yvonne ist einfach zuckersüß! Die vorherrschenden Farben sind weiß und rosa. Spätestens die Qualität der selbstgemachten Speisen und Getränke wird aber auch die Herren der Schöpfung mit dem Farbkonzept versöhnen. Zum leckeren Kaffee kannst du Cupcakes, Kuchen und Torten in allen nur erdenklichen Farben und Formen genießen. Vom Ostenhellweg bist du in fünf Minuten da. Sonntags ist leider Ruhetag. www.cafecreme.cc

 Café Hemmer (Ostenhellweg 62): Klar, modern sieht anders aus. Die Gäste entstammen allen Altersklassen und die Bedienung trägt zuweilen noch ein schwarzes Kostüm mit weißer Spitzen-Schürze. Aber irgendwie gehört sich das in einer richtigen Konditorei auch so, oder? Wer Lust auf leckeren Kaffee hat, ist hier jedenfalls richtig und auch der Kakao ist absolut empfehlenswert! Wer nicht nur etwas Heißes trinken möchte, sollte sich die Herrentorte nicht entgehen lassen. www.cafe-hemmer.de

 **Hofcafé** (Huckarder Str. 12): Diese kleine Oase inmitten der Industriekultur des Unionviertels verzaubert dich mit ihrer gemütlichen Einrichtung und wartet mit frisch gebrühtem Kaffee und herrlichen Kuchen auf deine Einkehr. Außerdem gibt's neben den süßen Verlockungen auch eine abwechslungsreiche Tageskarte mit herzhaften Snacks. Am Wochenende ist leider zu. www.hofcafe-unionviertel.de

 **Beans Coffee-Store** (Kaiserstr. 100): Der Ruhrpott kann richtig Kaffee! Schirmer Kaffee ist ein Traditionsunternehmen im Stadtteil Brackel, mittlerweile leider ohne Fabrikverkauf vor Ort. Dafür kann man sich den Kaffee jetzt in dem kleinen, gemütlichen Beans Coffee-Store in der östlichen Innenstadt schmecken lassen – und die Bohnen bei Bedarf auch direkt mit nach Hause nehmen. Montags ist hier allerdings Ruhetag. Im Sommer lockt der Innenhof, hier fühlst du dich kurzfristig ans Mittelmeer versetzt. www.schirmer-kaffee.com

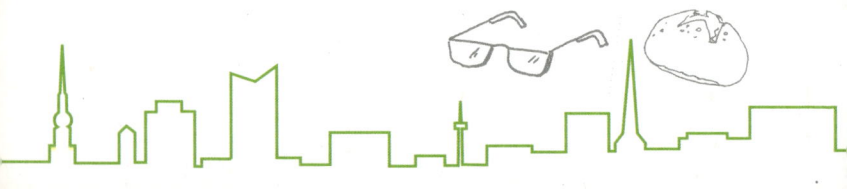

Kaffee für Hobby-Eisenbahner gibt's im **Straßenbahncafé Linie 403** (Kampstr. 4a). Beachte die Öffnungszeiten, Sonntag bis Mittwoch ist hier zu. www.strassenbahncafe.de

Ein Tipp für Teetrinker

Victoria's Café (Kurler Str. 174): Dieses englische Café besticht mit English Breakfast, Fish & Chips und original englischer Atmosphäre. Besonders für den Afternoon-Tea wird um Voranmeldung gebeten. Highlight: Die rote Telefonzelle, die als Bibliothek für englische Romane genutzt wird. www.victoriascafe.de

Käffchen zum Mitnehmen

Im Pappbecher mitnehmen kannst du deinen Kaffee in fast allen Cafés in Dortmund – schmeckt aber nicht immer. Deshalb hier ein paar sichere Anlaufstellen. Den lokalpatriotischen Coffee-to-go-Becher mit Dortmund-Motiven bekommst du übrigens bei **Ruhrgepäck** (Kleppingstr. 37) in der Berswordthalle. www.ruhrgepaeck.de

Klubhaus 1249 (Kleppingstr. 37, Berswordthalle): Im alten Rathaus, direkt zwischen Friedensplatz und Stadthaus, findest du die Bar Klubhaus 1249. To go gibt's hier Kaffee mit und ohne Flavour – alles, was man zwischendurch eben so braucht! www.facebook.com/klubhaus1249

Marktcafé (Hansaplatz, Wochenmarkt): Wenn du mittwochs oder samstags in der Innenstadt einen schnellen Koffeinschub brauchst, solltest du unbedingt den Wochenmarkt-Kaffee auf dem Hansaplatz ausprobieren! Hier kannst du zwischen verschiedenen Bohnensorten wählen und dazu gibt's frische

Waffeln. Den Standort auf dem Markt kannst du leicht erschnuppern – die Nase in die Luft und immer den himmlischen Röstaromen nach! www.privatroesterei-witt.de --> Marktcafé

Café Che (Otto-Hahn-Str. 6): Sollten die Vorlesungen mal einschläfernd sein, bekommst du hier Erste Hilfe. Das Café Che liegt auf dem Campus Nord direkt im Chemiegebäude und versorgt dich in urigem Ambiente mit Kaffee, Kuchen und allerlei Snacks.

Pott au Chocolat (Hansastr. 99, Kaiserstr. 61): Perfekter Kaffee zum Mitnehmen! Für alle, denen der Kaffee nicht reicht, gibt es hier die besten Pralinen der Stadt und zwar aus eigener Herstellung. Auch einzeln zum Naschen auf dem Weg erhältlich und das in gleich zwei Filialen. www.pottauchocolat.de

Das kühle Blonde

Kaum etwas vermag mit seinem bitteren Geschmack den Feierabend doch so zu versüßen wie eine Hopfenkaltschale, oder? Wenn du ein frisch Gezapftes zu schätzen weißt, bist du in Dortmund genau richtig!

Bierstadt Dortmund

In den 1950er und 60er Jahren war Dortmund ganz offiziell Bier-Hauptstadt Europas und weltweit auf Platz 2 – hinter Milwaukee in den USA! Auch wenn die Zeiten von Bier und Stahl heute vorbei sind, nennt Dortmund sich nach wie vor gerne „Bierstadt". Immerhin sind auch noch etliche Dortmunder Biersorten auf dem Markt:

Brinkhoff's, Kronen, DAB, Hövels, Ritter, Hansa, Union, Thier, Stifts usw. – einige davon zusätzlich zum Pils auch als Export. Heute gehören die meisten Dortmunder Biersorten jedoch zur Radeberger Gruppe und werden nur noch zum Teil in Dortmund gebraut.

Trotzdem besinnen sich Bürger wie Gastronomen bereits seit vielen Jahren zurück auf das Dortmunder Bier, fast alle schenken mindestens eine heimische Biersorte aus. Eine Besonderheit ist das Dortmunder **Stößchen**. Es handelt sich dabei um ein Bierglas mit 0,1 l Fassungsvermögen. Heute werden aber meistens ca. 0,2 l eingeschenkt, die man mal eben zwischendurch trinkt.

Actien-Brauerei (Steigerstr. 16): Während die meisten Gebäude, in denen früher gebraut wurde, heute anderweitig genutzt werden – so zum Beispiel die ehemalige Union-Brauerei als „Dortmunder U" – kannst du in der Actien-Brauerei noch hinter die Kulissen schauen, wenn das Kulturgut hergestellt wird. www.brauereierlebnis-dortmund.de

Brauerei-Museum (Steigerstr. 16): Direkt neben der Actien-Brauerei wird hier in authentischer Umgebung eindrucksvoll die Geschichte des Dortmunder Bieres gezeigt. www.brauereimuseum.dortmund.de --> s. „Kultur und so", S. 211

Kiosk der Bergmann Brauerei (Hoher Wall 36): Seit 1796 wurde in Dortmund das Bergmann Bier gebraut. Und doch war die Marke vor einigen Jahren noch vielen Dortmundern unbekannt, denn zuletzt gab es das Bier gar nicht mehr. Nach Auslaufen der Lizenzen 2006 nahm sich der Biologe Thomas Raphael aber des Bieres an und braut heute wieder nach altem Rezept das DBB. Mit Erfolg: Innerhalb kürzester Zeit konnten die Kapazitäten der Sudkessel die

Dortmund

Dortmund

endlich

endlich endlich

Prost!

Nachfrage nicht mehr erfüllen. Nach einem Umzug zum Dortmunder Hafen ist nun ein weiterer Umzug in Planung – auch die neuen Räume sind zu klein geworden. Auf der Internetseite findest du eine Liste mit allen Gastronomiebetrieben und Geschäften, die DBB anbieten. Oder du schaust einfach beim brauereieigenen Kiosk in der Dortmunder Innenstadt vorbei. www.harte-arbeit-ehrlicher-lohn.de

--> Bezugsquellen --> Bergmann Kiosk

Kneipen

Zusätzlich zum Dortmunder Pils, Export oder dem herberen Hövels kommen aber auch Freunde irischer Biersorten in Dortmund auf ihre Kosten. Allzu lange muss man nicht suchen, um auf Guinness, Kilkenny und Co. zu stoßen.

Wenkers (Betenstr. 1): Die „Krone am Markt" ist das Stammhaus der Kronen Brauerei und ein Stück Dortmunder Tradition. Wo bereits vor 250 Jahren die Privatbrauerei Dortmunder Kronen ihren Sitz hatte und die Bierbrauer-Familie Wenker fleißig braute, sitzt man heute bei einem kühlen Kronen Pils draußen in der Sonne oder drinnen unter der beachtlichen Trikotsammlung. An Bundesliga-Spieltagen muss man sehr (!) früh kommen, denn die Krone ist für viele Fans das Stammlokal zum Fußballgucken. Hier bekommst du auch Besonderheiten wie Bier-Gelee oder Bierkuchen, natürlich aus eigenem Bier hergestellt. Tipp: Probier mal das Dortmunder Urtrüb – absolut lecker! www.wenkers.de

Kraftstoff (Augustastr. 2): Gegenüber der ehemaligen Union Brauerei (heute das Dortmunder U) und nur wenige Meter außerhalb des

Innenstadtwalls liegt die ehemalige Tankstelle Kraftstoff. Außer dem Namen erinnert allerdings nicht mehr allzu viel an diese Vergangenheit. Mittlerweile kann man sie durch und durch als Studentenkneipe bezeichnen. Im Sommer kannst du bis in die Nacht im Biergarten sitzen und DAB trinken. Fußball wird natürlich auch gezeigt, außerdem gibt's einen Kickertisch.
www.kraftstoff-dortmund.de

Platz an der Sonne (Gutenbergstr. 38): Im Platz an der Sonne ist das Durchschnittsalter nicht allzu hoch. Hier tummeln sich viele Studenten, was hauptsächlich an den günstigen Preisen liegt, und vielleicht auch ein bisschen daran, dass „die Sonne" so ungezwungen und locker ist. Exil-Hamburger könnten sich hier zu Hause fühlen: Es wird Astra angeboten. www.platzandersonne.info

Linie 403 (Kampstr. 4a): Das ist Atmosphäre der besonderen Art! Wo bis 2008 die Straßenbahnlinie 403 in der Dortmunder Innenstadt noch oberirdisch fuhr, ist nach der Verlegung unter die Erde eine der alten Straßenbahnen von 1974 als Bar umgebaut worden. Nicht nur Bahnromantiker finden hieran Gefallen, denn im Sommer werden draußen die Biertische ausgepackt. Die Linie 403 kann man übrigens auch als Partybahn mieten. www.strassenbahncafe.de

Strobels (Strobelallee 50): Noch direkter neben dem Stadion geht's nicht: Praktisch eingezwängt zwischen Westfalenstadion und dem Stadion Rote Erde hat sich das Strobels fest etabliert. Bei Heimspielen bekommst du hier keinen Fuß mehr auf den Boden. Kein

Wunder, die Geräuschkulisse des Stadions ist nicht zu überhören und vermittelt fast das Gefühl, doch live dabei zu sein. Sobald es warm ist, bietet sich der Biergarten an. www.strobels-dortmund.de

Bam Boomerang (Kuckelke 20): Dieser Laden ist durch und durch australisch-rustikal – und alleine deswegen einzigartig in der Dortmunder Bierlandschaft. Neben Brinkhoff's gibt's auch Guinness, Foster's, verschiedene Cider, Miller sowie andere internationale Biere und Bierverschnitte. Sparen kannst du bei der täglichen Beer Hour von 18.00-20.00 Uhr. www.bam-boomerang-dortmund.de

Anno 1900 (Brüderweg 9): In einer Seitenstraße des Ostenhellwegs gelegen, läuft man viel zu schnell dran vorbei, obwohl sich das Anno 1900 wunderbar zentral in der Innenstadt befindet. Also: Nicht vorbeilaufen, reingehen! Hier erwartet dich gute Stimmung, es gibt Brinkhoff's und Hövels und für alle Irland-Fans auch Guinness. Die Whiskey-Karte ist übrigens auch recht umfangreich. Und wie könnte es anders sein, im Anno wird natürlich auch Fußball übertragen. Außerdem gibt es einen Raum mit Kicker und Darts, hier ist auch jeder Neuling willkommen! www.anno-1900.de

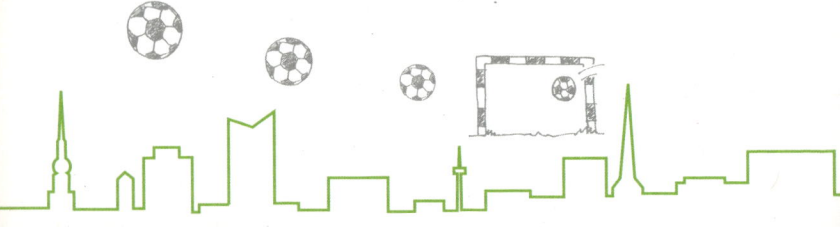

Salon Fink (Nordmarkt 8): Im Salon kennt man sich untereinander. In freundschaftlicher Atmosphäre wird hier zusammen getrunken und gefeiert. Die Preise für Hövels, DBB und Co. sind wirklich fair. Ein besonderes Highlight sind die häufiger mal stattfindenden Konzerte und die Karaoke-Abende. www.salon-fink.de

Subrosa (Gneisenaustr. 56): Die Hafenschänke Subrosa ist tagsüber und am frühen Abend eine gemütliche Kneipe, ehe später wild zu Rockabilly und Co. – vorzugsweise live und nicht vom Band – getanzt wird. Die Location bringt ein wenig hanseatisches Flair mitten in den Pott, hier kann man auch mal länger vor Anker gehen. www.hafenschaenke.de

Rock Café (Reinoldistr. 21): Wie der Name schon sagt findest du hier die Heimat der Dortmunder Rock-Fans mit allem was dazugehört: Gitarren, Tattoos, Motoren und natürlich Bier! Von Montag bis Donnerstag gibt's übrigens Astra für 1 Euro. www.facebook.com/rockcafedortmund

Biergärten

Herr Walter (Speicherstr. 90): Das Eventschiff versprüht maritime Urlaubsstimmung direkt am Dortmunder Hafen. Im Biergarten von Herrn Walter kannst du mitten in Dortmund barfuß durch den Sand schlurfen und es dir in Strandkörben und Sonnenstühlen gut gehen lassen. Nicht mal auf das Wasserplätschern im Hintergrund musst du verzichten! www.herr-walter.de

Jankas Lokal & Biergarten (Braunschweiger Str. 22): Der verwunschene, üppig grüne Hinterhof-Biergarten mitten im Multikulti der Nordstadt ist bei weitem nicht so groß wie die anderen Biergärten, dafür aber eine echte Perle: Hier kannst du inmitten von hohen Bambusbüschen entspannt den Sommerabend genießen. Übrigens lohnt nicht nur der Biergarten, sondern auch das Restaurant. Inhaberin und Namensgeberin Janka Thiemann zaubert – oft aus selbst gezogenem Gemüse aus dem eigenen Garten – wundervolle, französisch angehauchte Gerichte. www.jankas-lokal.de

Spaten-Garten (An der Buschmühle 100, Westfalenpark): Im Dortmunder Süden, idyllisch im Westfalenpark direkt am Eingang Buschmühle gelegen, findest du einen richtig bayrischen Biergarten. Wie sich das für bayrische Originale gehört, kannst du dir deine Brotzeit selbst mitbringen. Oder du entscheidest dich für eine Weißwurst zum Spaten-Bräu oder Weißbier. Super: Samstags kannst du dir dein mitgebrachtes Fleisch auf dem großen Schwenkgrill braten lassen. Der Spaten-Garten hat täglich und nur bei gutem Wetter ab 12.00 Uhr geöffnet. www.spaten-garten.de

Biergarten Rote Erde (Strobelallee 40, Stadion Rote Erde): In der historischen Sportstätte, in der der BVB frühe Erfolge feierte und in der heute Dortmunder Leichtathleten trainieren, kannst du dir im rustikalen Biergarten ein Brinkhoff's und eine Bratwurst schmecken lassen. Bei schönem Wetter hat der Biergarten täglich geöffnet. Informiere dich aber vorher besser, ob ein Heimspiel der BVB-Profis oder -Amateure stattfindet. Dann wird das Spiel auf Großleinwand gezeigt und der Biergarten kostet ein paar Euro Eintritt.

Café Erdmann (Rittershausstr. 40): Dieser Biergarten befindet sich in der westlichen Innenstadt mitten im Westpark. Auf den Wiesen rundherum wird gegrillt und es toben Kinder. Hier trifft sich alles und jeder, gemischter könnte das Publikum kaum sein! Das Café Erdmann ist übrigens ebenfalls ein beliebter Biergarten bei Fußballübertragungen. www.cafe-erdmann-dortmund.de

Tante Amanda (Mosselde 149): Etwa zehn Kilometer westlich der Innenstadt triffst du im Stadtteil Westerfilde auf Tante Amandas Biergarten. Egal, ob du eine Möglichkeit zum Einkehren während einer Fahrradtour suchst, mit Freunden essen gehen möchtest oder einfach nur Lust auf ein Bier in der Sonne hast – hier bist du richtig. Und für die Abwechslung zwischendurch kannst du hier Pit-Pat ausprobieren, eine Art Tisch-Minigolf. www.tante-amanda.de

Wein im Pott?

„Das Schönste am Wein is dat Pilsken danach" sprach einst der ehemalige Dortmunder Oberbürgermeister Günter Samtlebe auf einem Weinfest. Obwohl die meisten Dortmunder ihm vermutlich uneingeschränkt Recht geben, weiß man auch hier einen edlen Tropfen durchaus zu schätzen. Mit großen Weinanbaugebieten, wie sie zum Beispiel im Rheinland zu finden sind, kann das Ruhrgebiet zwar nicht aufwarten, dennoch kommen auch in Dortmund Weinliebhaber auf ihre Kosten.

Weinlokale

Vinarium – Der Weinadvokat (Kaiserstr. 27): Was im September 2013 als Weinfachgeschäft mit nur kleiner Gastronomie begann, war bereits wenige Wochen später hauptsächlich ein Weinlokal – die Gäste fanden es einfach zu gemütlich, um sich an die ursprünglich geplanten Einzelhandels-Öffnungszeiten zu halten. Bis spät in den Abend kannst du aus über 380 verschiedenen Weinen wählen und den Lieblingswein auch gleich mit nach Hause nehmen.

Es muss ja nicht sofort der Dominio de Pingus für 1.500 Euro pro Flasche sein. Wie es sich für einen Dortmunder Gastronomen gehört, lässt es sich mit Inhaber Carsten Jekubzik übrigens auch bestens über Fußball fachsimpeln – das geht bei Wein genauso gut wie bei Bier. www.der-weinadvokat.de

Dortmund   Dortmund
endlich
endlich   endlich

Cabernet & Co. (Essener Str. 13): Mitten im Kreuzviertel findest du den Wein- und Feinkostladen Cabernet & Co. Neben einer großen Auswahl an verschiedenen Weinen aus allen Teilen der Welt werden dir hier auch Veranstaltungen und Weinproben geboten – zu absolut fairen Preisen! Bei gutem Wetter finden die im Weingarten statt, da wird's fast schon ein bisschen romantisch.
www.cabernet-und-co.de

Weinkommissar (Westenhellweg 58): Dieser kleine und sehr hübsche Laden liegt direkt in der Innenstadt. Er ist nicht unbedingt Dortmunds günstigstes Weinlokal, aber charismatisch und empfehlenswert. Im Sommer kann man hier auch draußen sitzen.
www.weinkommissar.de

weinberg – nicht in Dortmur

Weinhandlungen

Weinhaus Hilgering (Westenhellweg 114): In unmittelbarer Nähe zum Einkaufszentrum Thier Galerie findest du das inhabergeführte Weinhaus der Familie Hilgering. Die Experten beraten dich gerne, denn die Wahl fällt möglicherweise schwer: Das Angebot an Weinen (über 750 verschiedene!) und Spirituosen ist enorm. Bei Bedarf findest du hier auch einfallsreiche Souvenirs mit Dortmund-Bezug. Außerdem werden regelmäßig Wein- und Whiskeyproben angeboten. Hier ist Eile geboten, denn die sind schnell ausgebucht!
www.weinhaushilgering.de

VinoVin (Kaiserstr. 77): Das sympathische Familienunternehmen ist bereits seit einigen Jahren in einem hübschen Eck-Altbau in der

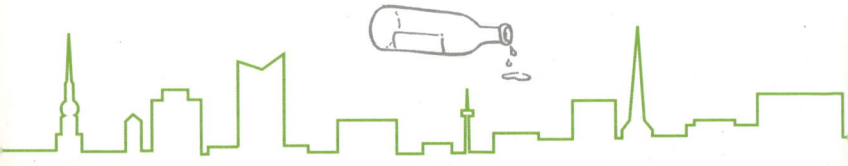

östlichen Innenstadt ansässig und hat mehrere hundert verschiedene Weine auf Lager. Weinproben und -seminare werden auch angeboten – für Gruppen auch außer Haus.
www.vinovin-dortmund.de

Zapfhahn (Ostenhellweg 61): Der Zapfhahn befindet sich direkt am Anfang des Ostenhellwegs. Der gemütliche, kleine Laden bietet mehr Auswahl, als es auf so kleinem Raum möglich scheint – nicht nur an Weinen, sondern auch an hochwertigen Ölen, Essigen und Likören. Was nicht in Flaschen erhältlich ist, wird, wie der Name schon sagt, einfach abgezapft. www.zapfhahn-online.de

Cocktails

Einen guten Cocktail zu finden, ist manchmal schwierig: Die Qualität muss stimmen, das Mischverhältnis auch, der Preis muss in Ordnung sein und wenn er noch hübsch aussieht, wäre das auch nicht schlecht! Zugegeben: Eine Cocktail-Hochburg ist Dortmund nicht gerade. Damit du nicht von Bar zu Bar läufst und dir eine Enttäuschung nach der anderen einholst, hier ein paar Highlights, die uneingeschränkt zu empfehlen sind.

Domicil (Hansastr. 7–11): Die erste Adresse, wenn es um Cocktails geht! Die „Kaffeebar" im Erdgeschoss des alten Theaters trägt diese Bezeichnung zu Unrecht: Zur Kaffeezeit hat die Bar noch gar nicht geöffnet und wer hier Kaffee statt Cocktails trinkt, ist selber Schuld. Über 60 Cocktails,

zusätzlich Longdrinks und viele Whiskeys werden hier angeboten. Das Publikum ist bunt gemischt, willkommen ist jeder.
www.domicil-dortmund.de

CU Bar (Kampstr. 41): Das CU findest du mitten in der Innenstadt. Auf zwei Etagen plus Biergarten kannst du dir deine Cocktails und Longdrinks bis in die späten Abendstunden schmecken lassen. Die dritte Etage ist nur zu bestimmten Gelegenheiten, wie den regelmäßig stattfindenden Karaoke-Abenden, noch zusätzlich geöffnet.
www.cu-bar.de

Balke (Hohe Str. 127): Sehr stylische Bar am südlichen Rand des Kreuzviertels. Die Internetadresse kommt nicht von ungefähr: Das Publikum kann wirklich in keine Schublade gesteckt werden, hier tummelt sich einfach jeder. Für Cocktails ist das Balke ein kleiner Geheimtipp, die Karte mit etwa 80 Cocktails und Longdrinks lässt wirklich keine Wünsche offen. Von sahnig über fruchtig bis spritzig ist alles dabei! www.fussballermodelszivilisten.de

New Islands (Kaiserstr. 24): Das New Islands liegt nur wenige Meter außerhalb des Walls in östlicher Richtung und erwartet dich mit echter Lounge-Atmosphäre. Mit ein wenig Glück erwischst du einen der Tische draußen, ansonsten kannst du drinnen in angenehmem

Ambiente mindestens genauso gut die Zeit vergessen. Die Cocktails sind nicht nur lecker, sondern kunstvoll mit Orange, Ananas und Co. verziert auch noch was fürs Auge. Das Essen ist übrigens auch top. www.newislands.de

Atlantico (Weißenburgerstr. 35–37): Trotz des großen Gastraums und Biergartens solltest du, zumindest wenn du deinen Besuch in die Abendstunden legst, unbedingt vorher einen Tisch reservieren! Das Atlantico in der nordöstlichen Innenstadt ist sowohl zum Essen als auch zum Cocktail-Trinken beliebt. Auf den Tischen liegen lose Erdnüsse, deren Schalen du in echt mexikanischer Manier einfach auf den rustikalen Holzboden befördern darfst. Über 60 Cocktails stehen auf der Karte. Zum Probieren kommst du am besten dienstags, dann gibt's den Cocktail für 4 Euro. www.atlantico-cafe.de

Willst du deine Cocktails an einem richtigen Sandstrand schlürfen und dabei die Füße ins Pool-Wasser hängen? Die Cocktail- und Longdrinkkarte am **Weststrand** (Emil-Moog-Platz 1) ist zwar nicht die längste, dafür liegt die Beachbar unter Palmen und die Sonne scheint hier bis in die Abendstunden – und das alles direkt zu Füßen des Dortmunder U. www.weststrand-dortmund.de

Grillen
Biergarten
Biergarten

Badesee
Badesee
Badesee

Eis
Grillen

Sommer!

Es ist
Sommer!

Sommer! *endlich*

Kicken

Kicken

Grillen. Grillen

Badesee

Badesee Grillen Grillen

Biergarten Grille

Biergarten *endlich*

Biergarten

Warum denkt man eigentlich nicht sofort an Dortmund, wenn jemand „Sommer" sagt? An der Sommerbegeisterung der Dortmunder kann es jedenfalls nicht liegen – und wer braucht schon dauernd gutes Wetter? Viel wichtiger sind doch faule Tage am Wasser, Spiel und Spaß an der frischen Luft, Grillabende, Picknicks und vor allem erstmal ...

Eis

Die einfachste, ohne große Umstände realisierbare Abkühlung schafft definitiv ein Eis. Dortmund bietet eine abwechslungsreiche Eisdielenlandschaft, die keine Wünsche offen lässt. Egal, ob vegan, bio oder klassisch italienisch, hier ist für jeden etwas dabei.

Das **Eiswerk** (Saarlandstr. 108, Kleppingstr. 22) erfreut sich einer immer größer werdenden Fangemeinde. Und das, obwohl es in der Innenstadt nur zwei kleine Eisdielen mit wenigen Sitzplätzen und bisweilen langen Wartezeiten gibt. Monatlich wird das Angebot der 13 Sorten gewechselt. So wird es garantiert nicht langweilig, denn das Eiswerk punktet mit Specials wie Erdnuss, Sonnenblumenkern oder Ziegenkäse-Honig-Thymian. Außerdem kannst du eigene Eissorten kreieren und dir per Catering nach Hause liefern lassen. Und sogar unsere vierbeinigen Freunde kommen im Eiswerk nicht zu kurz, denn hier gibt es Hunde-Eis aus eigener Herstellung mit Sorten wie Geflügel-Karotte. www.eiswerk.eu

An ihrem Standort in der Innenstadt besticht die **Kuhbar** (Kaiserstr. 41, weitere Standorte in Aplerbeck, Hombruch, Hörde) mit ihrem Konzept rund um die Kuh Luise und mit rundum natürlichen Zutaten. Luise ziert nicht nur das Logo, sondern ist auch Programm: Alles ist Kuh. Der Milchshake heißt Schüttel-Kuh und du kannst dir Sorten wie Scho-Kuh-lade, Pina-Kuh-lada oder Jo-Kuh-rt schmecken lassen. Als Highlight gilt allerdings das Haferflockeneis.

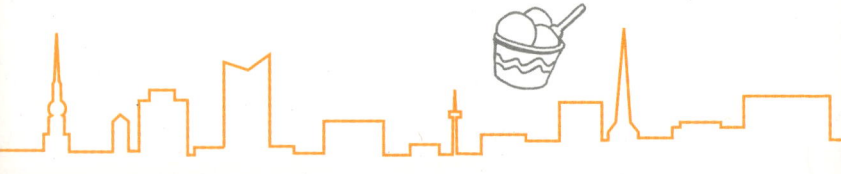

Wenn du gleich einen ganzen Becher verdrücken möchtest, bestell einfach die Nudelkuh oder die Kuhbarnana. Die Sitzmöglichkeiten sind leider rar, darum ist meist Schlecken im Stehen angesagt – ganz im Kuh-Style eben. www.kuhbar.com

Das **Eiscafé Losego** (Rheinische Str. 33) wirkt auf den ersten Blick wie eine Eisdiele aus vergangenen Zeiten, doch der Blick ins Innere lohnt sich. In diesem traditionellen, italienischen Eiscafé warten 36 verschiedenen Eissorten darauf, probiert zu werden. Bei eisgewordenen Kuchenträumen wie Donauwelle, Käsekuchen, Cookie, Sesam, Grieß oder schokoladigen Sorten wie Nocciolata und Oreo kann die Entscheidung schon mal schwerfallen. Sitzmöglichkeiten gibt es einige, so dass du auch mal einen Eisbecher vor Ort genießen kannst – allerdings nur drinnen. www.eiscafe-angelo.de

Zwei Filialen in der Dortmunder Innenstadt hat das **Eiscafé Panciera** (Beurhausstr. 23, Hansastr. 14). Als alteingesessene Eisdiele mit über 20 Jahren Erfahrung wird auch dieses Café immer wieder gerne besucht. Hier hast du die Möglichkeit, entweder drinnen oder draußen zu sitzen. Beide Cafés liegen zwar direkt an der Straße, bieten aber dennoch gemütliche Sitzgelegenheiten.

Dortmund   endlich   Dortmund   endlich
endlich   endlich

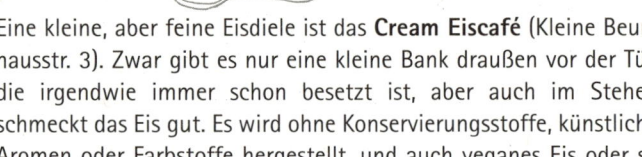

Eine kleine, aber feine Eisdiele ist das **Cream Eiscafé** (Kleine Beurhausstr. 3). Zwar gibt es nur eine kleine Bank draußen vor der Tür, die irgendwie immer schon besetzt ist, aber auch im Stehen schmeckt das Eis gut. Es wird ohne Konservierungsstoffe, künstliche Aromen oder Farbstoffe hergestellt, und auch veganes Eis oder so ausgefallenen Sorten wie Acai-Beere oder Mohn-Marzipan bekommst du im Cream. www.facebook.com/Creameiscafe

Im **Eiscafé Biancaneve** (Westenhellweg 102-106) kannst du nach deinem Einkauf in der Thier-Galerie gemütlich die Beine ausstrecken und dir einen Eisbecher schmecken lassen. Und das sowohl drinnen, als auch draußen. Falls du es eher eilig hast, bestell einfach an der Theke einige Kugeln zum Mitnehmen. Da die Auswahl groß ist, solltest du dir schon ungefähr überlegt haben, was du möchtest, damit du keinen Stau verursachst ...

Bei **Romeo & Giulia** (Westenhellweg 102-106) im Untergeschoss der Thier-Galerie gibt es Softeis, das wunderbare Namen wie Massimo, Carmela oder Carlo trägt. Dahinter versteckt sich Vanille-Softeis mit einem Topping deiner Wahl – von Schokoüberzug bis hin zu Erdbeersauce, Streuseln oder Nüssen. Schmeckt cremig und leicht, Softeis eben. Da die kleine Kette vor allem mit Qualität und dem Besonderen wirbt, sind die zartschmelzenden Köstlichkeiten hier nicht die billigsten.

Auch das **Frooters** findest du in der Thier-Galerie (Westenhellweg 102-106). Hier kannst du dir ganz individuell deinen Frozen Yogurt zusammenstellen: Zuerst bestellst du ein Schälchen in der gewünschten Größe, lässt Joghurteis aus der Maschine hineinfallen und dann geht's los.

Die Toppingauswahl ist groß und du kannst dir selbst nehmen, was du möchtest. Egal ob du Schokoladiges, Weingummi, Früchte, Saucen oder alles zusammen willst: Deiner Fantasie steht nichts im Wege, außer vielleicht ein zu kleines Schälchen.

Plantschen, Baden, Schwimmen

Freibäder

Insgesamt sechs Freibäder laden im Stadtgebiet zum Abkühlen im Freien ein. Ob du eher sportbegeistert bist und dich trotz Hitze noch auspowern möchtest, nur rumliegen willst oder doch eher rutschen, hier sollte das passende Freibad dabei sein. Jede Location bietet natürlich auch den obligatorischen Kiosk, so dass du bei einem Tag im Freibad nicht auf Pommes und Süßes verzichten musst.

Relativ innenstadtnah, direkt im Hoeschpark in der Nähe des Borsigplatzes, findest du das **Warmwasserfreibad Stockheide** (Brackeler Str. 100), das zwar das kleinste der Dortmunder Freibäder ist, jedoch ausreichend Platz zum Liegen und Schwimmen bietet. Das Becken ist in Schwimmer- und Nichtschwimmerbereiche unterteilt, so dass du deine Bahnen ziehen kannst, ohne von Plantschern gestört zu werden. Und weil das Wasser immer angenehme 24 Grad warm ist, schwimmst du hier auch an kühleren Tagen, ohne zu frieren. Falls du doch mal Abwechslung von dem ganzen Nass brauchst, kannst du auch eine Runde Beachvolleyball spielen.

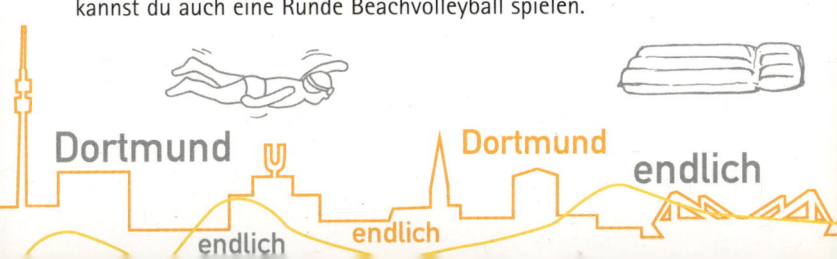

Schwimmen im Schatten des Stadions. Das wäre vermutlich ein Slogan für das **Freibad Volkspark** (Schwimmweg 2). Denn genau neben dem Signal Iduna Park kannst du hier in einem Sportbecken deine Bahnen ziehen, im Nichtschwimmerbecken entspannen oder vom 10-Meter-Sprungturm die Aussicht genießen, bevor es abwärts geht. Drum herum gibt es große Liegeflächen, viele schattenspendende Bäume und einen abgetrennten Beachbereich zum Spielen und Chillen. Bedenken solltest du bei diesem Freibad allerdings, dass es an Heimspieltagen des BVB geschlossen bleibt – ganz egal, wie warm es ist und wie dringend du eine Abkühlung brauchst.

Ebenfalls ein kleines Stadtteilfreibad ist das beheizte **Freibad Wellinghofen** (Hopmanns Mühlenweg). Umgeben von einer beinahe parkähnlichen Grünfläche, die zum Liegen in Sonne und Schatten einlädt, finden sich hier ein 50-Meter-Sportbecken und ein abgetrenntes Nichtschwimmerbecken. Die Rutsche ist den kleineren Gästen vorbehalten.

Im **Freibad Hardenberg** (Badweg 30) wartet viel Abwechslung im und am Wasser. Egal ob du über die 65 m lange Doppelrutsche ins Wasser eintauchen, dir auf der Badeinsel eine Pause gönnen oder im Strömungskanal gegen den Strom schwimmen möchtest, hier darf geplantscht, gespritzt oder auch mal gar nichts getan werden. Hinzu kommen ausgiebige Liegeflächen, die aber im Sommer ziemlich voll werden können. Da bleibt nur noch die Flucht ins Wasser, und auch da solltest du dir früh ein Plätzchen sichern.

Nicht hinter den anderen Freibädern verstecken muss sich das **Naturbad Froschloch** (Löttringhauserstr. 103), in dem das Wasser ganz ohne Chlor auskommt. Zwar gilt es mit seinen separaten

Plantsch- und Nichtschwimmerbecken und einem Abenteuerspiel-platz eher als Familienbad, doch natürlich gibt es auch ein Schwim-merbecken und eine Rutsche. Besonders schön ist der Strandbereich mit Strandkörben, so kommt richtiges Sommerfeeling auf. Und im Massagebecken lässt es sich auch ganz gut aushalten.

Eine Übersicht über Öffnungszeiten, Preise und aktuelle Meldungen für alle genannten Freibäder sowie überdachte Schlechtwetter-Alternativen findest du auf: www.sportwelt-dortmund.de

Das **Sole- und Allwetterbad Wischlingen** (Höfkerstr. 12) erfreut sich jedes Jahr aufs Neue großer Beliebtheit. Zwar ist es mit einer Tageskarte für 9 Euro (7 Euro für Studierende) fast dreimal so teu-er wie die anderen Bäder für 3,50 Euro (Studis: 2,50 Euro), dafür hat es aber auch was zu bieten: Mehrere Tonnen Sand und ein Wellen-bad lassen deinen Urlaubstraum in greifbare Nähe rücken, Strand-körbe und Liegestühle tun ihr Übriges. Für Mutige gibt es einen Sprungturm, für eher Gesundheitsbewusste bietet sich das innen gelegene Solebecken an. Nur die Sauna kostet extra, aber wer braucht die schon im Sommer? www.wischlingen.de

--> Sole & Allwetterbad

Baden in freier Wildbahn

Wenn du nur schnell ein wenig Abkühlung suchst, könntest du ver-sucht sein, mal eben in den **Dortmund–Ems-Kanal** zu springen. Offiziell ist das Baden hier aber verboten. Zum richtigen Schwim-men ist der Kanal wegen des Schiffverkehrs auch wirklich nicht geeignet, Füße reinhängen ist aber ungefährlich und kann ja auch schon helfen.

Wenn du naturnah baden, keinen Eintritt zahlen, dafür aber viel-leicht grillen möchtest und es dich nicht stört, eine kurze Bahnfahrt in Kauf zu nehmen, lohnt sich ein Ausflug zum **Horstmarer See** (Seepark Lünen). Im an Dortmund angrenzenden Lünen gelegen, lässt sich dieser See vom Dortmunder Hauptbahnhof über eine ca.

zehnminütige Bahnfahrt plus 15 Minuten Fußweg erreichen. Mit dem Auto spart man sich das Laufen, Parkplätze um den See sind an warmen Tagen allerdings Mangelware, so dass der kostenpflichtige Parkplatz in Anspruch genommen werden muss. Und Wildparken kann teuer werden. Am See gibt es mehrere Liegewiesen, eine ausgewiesene Grillwiese und einen kleinen Strand, allerdings fast alles ohne Schatten. Kiosk und Toiletten sind aber vorhanden. Sportliche schwimmen zur Mittelinsel im See. www.luenen.de

Wer die Möglichkeit hat, ein wenig weiter wegzufahren, der sollte sich einen Besuch im knapp 50 km entfernten Haltern nicht entgehen lassen. Der dort gelegene **Silbersee II** (Münster Str. (B51) / Zum Vogelsberg, 45721 Haltern am See) zählt seit langem zu den beliebtesten Badeseen des Ruhrgebiets, was besonders an dem langen, weißen Sandstrand und dem klaren Wasser liegt. Wenn du Strandfeeling dem Freibad vorziehst, bist du hier richtig. Du zahlst 2 Euro Eintritt, die der Instandhaltung des Bades zugute kommen, plus 2 Euro Parkgebühr. Wenn du nicht nur auf der faulen Haut liegen möchtest, kannst du hier auch surfen oder dir im Restaurant den Bauch vollschlagen. www.silbersee-haltern.de

Wenn du schon da bist, kannst du gleich noch den **Halterner Stausee** (Hullerner Str. 52) testen. Der See selbst ist zwar für Wassersportler reserviert, für Badegäste gibt es aber das Seebad. Trotz des langen Natursandstrandes ist es eigentlich ein Freibad, inklusive Pommesbude, Beachvolleyballfeld und Spielplätzen für die Kleinen. Wo viel geboten wird, ist natürlich auch der Eintritt nicht frei, mit 4 Euro aber annehmbar. Voll wird es bei schönem Wetter trotzdem, früh da sein lohnt sich also. www.seebad-haltern.de

Spiel & Spaß

Beachvolleyball

Wenn du nach einer Partie Beachvolleyball gerne noch ein paar Bahnen ziehst, ist dein erster Anlaufpunkt vermutlich eines der beiden Freibäder, die auch Beachvolleyballfelder haben: das **Sole- und Allwetterbad Wischlingen** (Höfkerstr. 12) und das **Warmwasserbad Stockheide** (Brackeler Str. 100). --> s. Freibäder, S. 123

Wenn du aber das Wasser nicht brauchst, dir die Öffnungszeiten nicht passen oder du einfach reinen Beachsport ohne Ablenkungen suchst, dann schau hier vorbei:

In Dortmunds größtem Park, dem **Westfalenpark** (An der Buschmühle 3), kannst du nicht nur spazieren gehen, sondern auch Beachvolleyball spielen. Insgesamt gibt es hier drei turnierfähige Felder, die auch für andere Sand-Sportarten genutzt werden können.
westfalenpark.dortmund.de
--> Der Park

Zwei weitere Beachvolleyballplätze bietet das Sportzentrum der **TSC Eintracht Dortmund** (Victor-Toyka-Str. 6). Die von April bis September geöffneten Außenplätze solltest du im Voraus buchen, sie werden nämlich vom TSC auch für die Damen- und Herrenmannschaften genutzt. Die Vermietung läuft über das „Studio e" des TSC, einen Belegungsplan findest du online. Der Preis liegt bei 10 Euro pro Stunde. Tel. 0231/9123 1560

www.tsc-eintracht-dortmund.de --> Sportarten --> Volleyball
--> Beachvolleyball

Dortmund endlich Dortmund endlich endlich

An der **Kletterhalle Bergwerk** (Emscherallee 33) findest du eben-falls zwei Outdoor-Beachvolleyballfelder, die Turniermaßstäbe erfüllen. Du kannst dort auch spontan spielen, allerdings ist es sicherer, vorab zu buchen. Auch hier kostet ein Platz 10 Euro die Stunde. Tel. 0231/1356 635 www.kletterhalle-bergwerk.de

--> Chillen --> Außenanlagen

Klettern

Der Naturhochseilgarten **Tree2tree** im Revierpark Wischlingen (Höfkerstr. 12) entführt dich hoch in die Baumkronen. Bei 14 unterschiedlichen Routen ist bestimmt was Passendes dabei, egal ob du den leichten, den mittelschweren oder den hammerharten Weg möch-test. Für 4 Stunden Klettern zahlst du 25 Euro inkl. Ausrüstung und professio-neller Einführung. www.tree2tree.de

--> Dortmund

In der **Kletterhalle Bergwerk** (Emscherallee 33) kannst du tatsäch-lich machen, was der Name nahelegt: klettern. Die Halle liegt auf dem Gelände der ehemaligen Kokerei Hansa im Stadtteil Huckarde und ist mit öffentlichen Verkehrsmitteln in nur 15 Minuten von der Innenstadt aus zu erreichen. Es gibt nicht nur eine große Zahl von Indoor-Routen, sondern auch einige Außenwände: An über 20 Routen kannst du hier dein Können im Freien demons-trieren und dich nach getaner „Arbeit" noch ein wenig auf der Terrasse entspannen. www.kletterhalle-bergwerk.de

Willst du noch höher hinaus, kannst du im **Revierpark** auch eine entspanntere Variante auswählen, dich in luftige Höhen zu schwingen: Hier starten zwischen April und Oktober Heißluftballons! Kurz nach Sonnenaufgang oder einige Stunden vor Sonnenuntergang geht es für etwa eineinhalb Stunden hinauf in den Himmel. www.wischlingen.de --> Park
--> Skytours Ballonstarts

Kicken

Hobby- und Freizeitkicken geht über den **Dortmunder Freizeitfuß-ball**. Unter den vielen Mannschaften findest du bestimmt eine, die zu dir passt. Verlangt wird ein bisschen mehr als pures Bolzen, du solltest schon die Herausforderung suchen und auch Bock auf Training haben. Es gibt einen Spielplan für die Saison und gekämpft wird um die DFF-Meisterschaft sowie den Ligapokal. Wer den gewinnt, fährt zum Kaiserau-Cup, um sich dort mit anderen Freizeitvereinen zu messen. www.dortmunder-freizeitliga.jimdo.com

Möchtest du lieber nur ab und zu einfach so spielen, ohne gleich einem Verein beizutreten, dann geh am besten in den **Westfalenpark** (An der Buschmühle 3). Hier im Grünen liegt ein Fußballplatz, auf dem jeder willkommen ist. Vergiss nicht, dass der Platz im Park liegt, das heißt, hier spielen möglicherweise auch Wochenendausflügler. Da der Platz abgesehen vom Parkeintritt nichts extra kostet, kann er schon mal voll sein. www.westfalenpark.dortmund.de --> Der Park
--> Sport im Park

Auch der **Bolzplatz am Zehnthof** (Am Zehnthof, Düsterstr.), direkt neben einem Spielplatz, ist perfekt für den spontanen Fußballspaß. Bring einfach ein paar Leute und einen Ball mit – vielleicht sind ja schon potenzielle Gegner da.

Genau das Gleiche gilt für das **Stadewäldchen** (an der Märkischen Str.): Mitten in der Innenstadt befindet sich hier ein einfacher Bolzplatz. Umgeben vom Park kannst du nach dem Kicken noch eine Weile auf der Wiese entspannen.

Die **Tremoniawiese** (Tremoniastr.) wird immer wieder gerne von Hobbyfußballern in Anspruch genommen. Hier gibt es zwar einen kleinen eingezäunten Fußballplatz, die meisten nutzen aber einfach die große Wiese zum Kicken. Wenn die Zahl der Rumliegenden nicht so groß ist, triffst du hier fast immer irgendwen, der Fußball spielt. Aber auch Frisbee, Slackline oder Badminton sind beliebt.

Dortmund Dortmund endlich
endlich endlich

Ein bisschen weiter draußen, dafür aber auch etwas größer, ist der **Hoeschpark** (Kirchderner Str. 35-43), der fast schon eine Art Sportpark ist. Hier gibt es zwei Ascheplätze und einen Rasenplatz, auf denen gespielt werden kann. Am besten rechtzeitig vorher die Geschäftsstelle der Sportwelt Dortmund gGmbH anfragen, wann ihr spielen könnt. Falls du dich auch für andere Sportarten interessierst: Hier befinden sich mehrere Tennisplätze und die Trainingsstätte des städtischen Baseballteams, der Dortmund Wanderers. Tel. 0231/941 8310 www.sportwelt-dortmund.de

Minigolf

In Dortmund kannst du natürlich auch Minigolf spielen. Stadtnah liegt die 18-Loch-Minigolfanlage im **Revierpark Wischlingen** (Höfkerstr. 12). Umgeben von Bäumen kann hier für 3,50 Euro pro Runde gespielt werden. Ein Kiosk bietet Kaffee, Eis, Waffeln und Würstchen. www.wischlingen.de

--> Park --> Golf & Boot

Direkt in der Grünanlage rund um die **alte Syburg** (Hohensyburgstr. 200, im Park) liegt eine Minigolfanlage, die besonders wegen ihrer schönen Lage beliebt ist. Getränke und ein bisschen Verpflegung gibt's natürlich auch. Falls es voll sein sollte, geh einfach die Straße weiter runter (Hohensyburgstr. 181). Dort liegt noch ein Minigolfplatz, allerdings direkt an der Straße.

Ganz im Norden der Stadt liegt die **Minigolfanlage am Gulloh** in Brechten (Am Gulloh 69). Hier gibt es gleich zwei Plätze nebeneinander, so dass du auch an vollen Tagen nicht zu lange auf deinen nächsten Schlag warten musst.

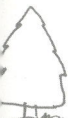

Die Minigolfanlage am **Hotel Dieckmann** (Wittbraucker Str. 980), an der Grenze nach Herdecke, ist vielleicht die schönste der Stadt. Sie liegt mitten im Wald und bietet ganzjährig(!), bei jedem Wetter, und dank Flutlichtanlage auch abends, Minigolfspaß. Denn wenn das Kassenhäuschen nicht besetzt ist, liegen Schläger und Bälle an der Bar und an der Hotelrezeption bereit. Mit 3 Euro pro Spiel bist du dabei. www.hotel.dieckmanns.de --> Minigolf

Eine ziemlich abgefahrene Minigolflandschaft erwartet dich in den **Glowing Rooms** (Heiliger Weg 7-8). Die Räume sind von oben bis unten mit phantasievollen Graffiti-Gemälden bedeckt, die im Schein des Schwarzlichts erstrahlen. Und durch spezielle 3D-Brillen erwachen die Figuren regelrecht zum Leben, erschweren dir die Orientierung und lassen dich in eine andere Welt eintauchen. Der Eintritt kostet 9,50 Euro, am Wochenende solltet ihr unbedingt reservieren. www.glowingrooms.com --> Dortmund

Skaten und Inlineskaten

Mitten in der Innenstadt, im **Stadtgarten** (Hansastr.), befindet sich eine Skateanlage, die über eine Miniramp und einige Rampen verfügt. Open Air und kostenlos selbstverständlich.

Das **Dietrich-Keuning-Haus** (Leopoldstr. 1) in der Nähe des Hauptbahnhofs kann dagegen mit einem überdachten Skatepark punkten, der für einen kleinen Eintritt einiges zu bieten hat: Die Rampenlandschaft ist sehr abwechslungsreich und hält Herausforderungen für Anfänger und Profis parat. Montags ist der Park geschlossen, dienstags ist er für Parkour reserviert.
www.skateboard-initiative-dortmund.de

Für Inlineskater, die einfach mal eine Runde drehen möchten, bieten der **Fredenbaumpark** (Lindenhorster Str.) und der **Phoenix-See** geeignete Strecken. Hier hast du die Wahl: Möchtest du lieber durch einen Wald fahren oder um einen See? Wenn du dir unsicher

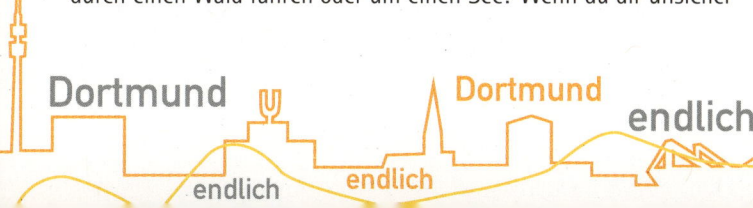

bist, hilft bei der Entscheidung vielleicht auch die Fülle der Besucher. Im Park hast du meist mehr Platz, am See kann es, besonders an warmen Wochenendtagen, schon sehr voll werden und du musst dir den Weg mit Radfahrern teilen.

Frisbeegolf und Ultimate Frisbee

Auf Dortmunds erster **Frisbeegolfanlage** im Revierpark Wischlingen (Höfkerstr. 12) kannst du auf 12 Bahnen die Frisbeescheiben durch die Luft werfen. Besorg dir vorher am Seegarten oder am Kiosk Hallerey Leih-Frisbees für 3 Euro plus Pfand und ab geht's: Beim Disc-Golf geht es darum, einen Hindernis-Parcours mit möglichst wenig Würfen zu durchspielen. Wie Golf eben, nur mit Scheiben statt Bällen und Zielkörben statt Löchern im Rasen.
www.wischlingen.de --> Park --> Disc-Golf-Anlage

Ultimate Frisbee ist ein Teamsport, bei dem Elemente aus Football und Basketball kombiniert werden – und das Frisbee spielt natürlich auch eine Rolle. Zwei Teams mit jeweils sieben Spielern stehen sich gegenüber und versuchen, die Scheibe durch Zupassen in die gegnerische Endzone zu befördern und damit einen Punkt zu erzielen. Mit dem Frisbee in der Hand darf man natürlich nicht laufen.

Wenn du das ausprobieren möchtest, geh am besten mal am Sonntagnachmittag in den Tremoniapark (Tremoniastr.). Da ist das Training privat organisiert und für jeden offen. Mehr Infos unter:
www.ultimate-dortmund.de

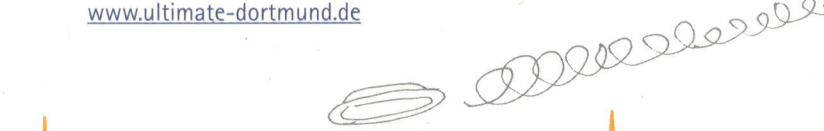

Auf dem Wasser

Dich zieht es raus aufs Wasser?
Beim **1. Dortmunder Kanuverein**
(DKV) (Alte Ellinghauser Str. 88)
darfst du dich gerne mal im Pad-
deln versuchen. Mehrmals im Jahr
gibt es Kennenlerntage, an denen
du dir alles angucken darfst. So
kannst du herausfinden, ob dir
der Sport Spaß macht oder ob du
nicht doch auf ein anderes Boot
setzen möchtest.
www.1dortmunderkanuverein.de

Wenn dir Kanufahren nicht liegt, wie wäre es dann stattdessen mit
Segeln? Seitdem im Jahr 2012 der Phoenix-See mit Wasser gefüllt
worden ist, geht das direkt in Dortmund. **Der Yachtclub Phoenix-
see e.V.** (Iltisweg 16) bietet verschiedene Ausbildungseinheiten für
Binnengewässer und die See an. www.yachtclub-phoenixsee.de

Der **Universitäts-Segel-Club Dortmund e.V.** (Baroper Str. 241)
richtet sich mit seinem Angebot zwar hauptsächlich an Studierende, aber auch Nicht-Studis sind willkommen, hier einen Segel- und
Motorboot-Führerschein zu machen. www.usc-dortmund.de

Radfahren

Rauf aufs Rad und los geht's! Das ist die vermutlich schnellste, einfachste und günstigste Art, etwas ohne große Planung zu unternehmen. Der Fahrtwind verschafft dir Abkühlung und zu sehen
bekommst du auch noch was: Natur, Kunst und Kultur bieten dir die
Dortmunder Radwege ganz im Vorbeifahren. Und obendrauf noch
ein wenig Sport natürlich.

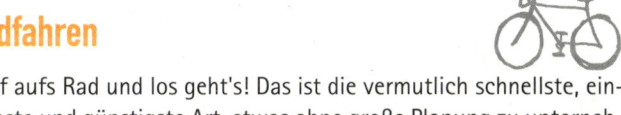

Vom Start- und Zielpunkt Dortmunder Zoo kannst du die Route **Dortmund-Süd** (26 km) ausprobieren. Es geht vom Zoo in die bergigeren Teile Dortmunds bis zum Hengsteysee. Wenn du noch keine Lust hast zurückzufahren, bleib ein wenig hier, miete ein Tretboot oder fahr noch höher in die Berge rauf zur Hohensyburg. Zurück geht es auf einem anderen Weg, vorbei am Phoenix-See. Auch hier kannst du verweilen und ein bisschen am See entspannen. Danach ist der letzte Abschnitt des Weges gar nicht mehr lang. Einen detaillierten Routenplan findest du unter:
www.bikemap.net/route/394792

Den **Dortmunder Südwesten** (24 km) kannst du gut von der Uni aus erschließen. Dieser Weg führt dich auf die ländlichen Pfade der Ruhrpottmetropole – aber auch zur Zeche Zollern, dem wichtigsten Industriedenkmal der Stadt. Wenn du hier stoppst, lohnt sich der Aufstieg auf den Förderturm, von hier oben siehst du eine Menge Landschaft und in der Ferne die Dortmunder City. Detaillierter Routenplan unter: www.bikemap.net/route/395250

Auf dem **Kunstpfad Ruhr**, einem seit 2010 bestehenden Kunstprojekt, kannst du dir quasi im Vorbeifahren Kunst anschauen. Unterschiedliche künstlerische Konzepte laden entlang des Ruhrtal-Radweges zum Strampeln und Staunen ein. Hier findest du Kunst im Kontrast zu Industrielandschaften, Schlössern und Häfen und zwischen Natur und Technik. Online kannst du ganz einfach deine individuelle Etappe auf dem 230 km langen Radwanderweg planen.
www.ruhrtalradweg.de

--> Strecke --> kunstpfad Ruhr

Die **Route Industriekultur** gibt Radfahrern die Möglichkeit, das einzigartige industrielle Erbe des Ruhrgebiets auf besondere Weise zu erleben. Der **Emscher Park Radweg** beispielsweise lädt dazu ein, auf Kanaluferwegen oder über umgebaute Güterbahnstrecken zu fahren. Hier kannst du auch mal einen längeren Trip machen, manche der Routen dauern mehrere Tage. Für den spontanen Ausflug gibt es natürlich auch kurze Tagesrouten.
www.route-industriekultur.de --> Route per Rad

Die **Rad-Route Dortmund-Ems-Kanal** führt dich vom Dortmunder Hauptbahnhof bis nach Norddeich an der Waterkant. Wenn du tatsächlich die ganze Strecke fahren möchtest, solltest du einige Tage und Übernachtungsmöglichkeiten einplanen – immerhin sind das 350 km! Du kannst natürlich auch nur ein Stück des Weges fahren. Und wenden, wenn du keine Lust mehr hast. www.emsland.com

--> Radfahren
--> Rad-Route Dortmund-Ems-kanal

Grillen

Sommer ohne Grillen ist wie Sommer ohne Sonne. Weil aber nicht jeder einen Balkon oder Garten hat und Grillen mit vielen Leuten auf der Wiese sowieso viel mehr Spaß macht, kommen hier einige Grilltipps für Dortmunds Parkanlagen. Hier kannst du mit Grill und Decke vorbeikommen, ohne Probleme mit dem Ordnungsamt zu bekommen. Ein paar allgemeine Verhaltensregeln vorneweg:

Dortmund ist eine Grill-Metropole, keine Frage. Und deshalb ist die Stadt auch ausgesprochen großzügig, was das Grillen in Parks anbelangt. Allerdings darfst du kein offenes Feuer machen und natürlich musst du deinen Müll wieder mitnehmen oder in den

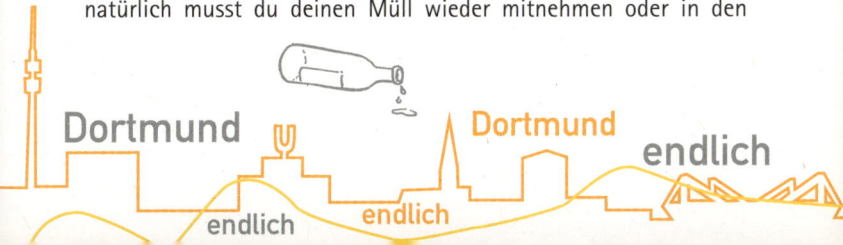

Mülltonnen entsorgen. Außerdem darf der Rauch nicht zu stark werden und deine Grill-Gruppe nicht mehr als 100 Leute zählen. Und auch große, hässliche Brandflecken auf dem Rasen sind nicht gern gesehen, sondern können zu einem Bußgeld führen. Das lässt sich doch besser in ein paar Würstchen mehr investieren.

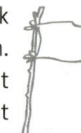

Grillfreie Zonen sind der Westfalenpark, der Rombergpark, der Stadtforst und der Zoo. Im **Fredenbaumpark** (Lindenhorster Str.) ist das Grillen nur auf besonders gekennzeichneten Flächen gestattet. Diese insgesamt drei Grillstationen sind im Geländeplan eingezeichnet und müssen vorab, aber kostenlos, gebucht werden. Kontakt: Werkstatt Passgenau der Diakonie, Tel. 0231/4759249

Im **Westpark** (Möllerstr.), quasi dem „Hauspark" des Kreuzviertels, grillt im Sommer eigentlich immer irgendwer. Hier stehen an der Seite Rittershausstraße drei Grillstationen zur freien Verfügung. Wer keine davon ergattern kann, kann seinen Grill auch auf den anderen Grünflächen des Parks platzieren. Verpflegung bekommst du direkt im Supermarkt an der Straße. Unter den unzähligen Bäumen gibt es außerdem Platz für Bewegung zwischendurch: Frisbee, Slackline und Boccia gehören quasi zum Standardprogramm.

Ein Stück weiter stadtauswärt liegt der **Tremoniapark** (Tremoniastr.), den du am besten von der S-Bahn-Station Dortmund-West erreichen kannst. Auf der großen Wiese gibt es zwar keinen Schatten, aber dafür reichlich Platz, so dass du auch hier noch etwas Bewegung bekommst. Besonders beliebt sind Fußball, Frisbee oder Capoeira. Zwei offizielle Grillstationen stehen bereit, aber auch das Grillen mit eigener Ausrüstung auf der Wiese ist erlaubt.

Picknicken

Picknicken kann man ja eigentlich überall, man braucht nur eine Decke und ein paar Leckereien. Auch hier sind Westpark und Tremoniapark sehr beliebt, allerdings wird da in den Nachmittagsstunden wirklich gegrillt, was der Rost hergibt – du darfst dich also nicht zu sehr an der omnipräsenten Wurstduftwolke stören. Wenn du lieber etwas entspannen möchtest, mit einem guten Buch oder einem guten Gespräch, such dir besser einen weniger BBQ-lastigen Park. Auch davon gibt es in Dortmund reichlich:

Der größte, und vermutlich auch der bekannteste, ist der **Westfalenpark** (An der Buschmühle). Am Wasser? Lieber unter einem Baum? Da es im Park ziemlich viele Wiesen gibt, musst du die Richtige für dich finden. Eine Parkbahn lädt zur Mitfahrt ein und das Highlight im wahrsten Sinne ist der Florianturm, der in 200 Metern Höhe ein Restaurant mit toller Aussicht hat. Allerdings kostet der Park bis 18.00 Uhr 3 Euro Eintritt, danach 1,50 Euro. Die Auffahrt zum Turm wird mit 2,50 Euro extra berechnet, ein Kombiticket kostet 5 Euro (nach 18.00 Uhr 4 Euro). westfalenpark.dortmund.de

Das **Stadewäldchen** (Saarlandstr. 4) mitten in der Innenstadt lädt zur spontanen Entspannung ein. Ohne große Vorbereitung, ohne Eintritt, wenn du gerade vom Shoppen aus der Stadt kommst oder bevor du im Sommer abends feiern gehst. Einfach Decke und Picknickkorb schnappen, hinlegen, essen, nichts tun.

Den **Phoenix-See** (Phoenixseestr.) gibt es zwar erst wenige Jahre, er hat sich aber trotzdem schon als feste Größe etabliert. Jedes Wochenende pilgern hunderte Menschen zu diesem künstlich angelegten Idyll. Da Schwimmen hier sowieso nicht gestattet ist, eignet er sich gut als Picknick-Location. Wenn du nichts Eigenes dabei hast, bieten diverse Gastronomen auch Essen zum Mitnehmen an, oft aber nicht ganz billig. www.phoenixseedortmund.de

Schnee

Schnee

Schnee

Schnee

Schnee

Schnee

Schnee

Schnee

Schnee

Schnee

Schnee

S

Winter!

Frostige Zeiten
Winter!
Winter!

kalt **brrr**

Eiskratzerei

Schnee

Schnee

hnee

Eiskratzerei

kalt

Sauna

kalt

Schnee

Sauna

Sauna

kalt

brrr

brrr

bl rrr

brrr

chnee

Der Winter zeigt sich in Dortmund häufig von seiner weniger schönen Seite und kommt eher nass, grau und ungemütlich daher. Und auch, wenn er es mal richtig gut meint und viel Schnee über Dortmund ausschüttet, haben Innenstädte mit ihrem vielfältigen Straßenverkehr es ja leider so an sich, die weiße Pracht in Rekordzeit in grauen Matsch zu verwandeln. Dortmund und seine Umgebung bieten jedoch glücklicherweise allerhand, um dir trotz Dunkelheit und Kälte die gute Laune zu bewahren. Ob draußen oder drinnen, es ist bestimmt auch was für dich dabei!

Drinnen

Schwimmen

Wenn draußen Minusgrade lauern, lässt es sich doch wunderbar im warmen Thermalbad entspannen! Oder doch lieber ein Sprung ins kalte Nass, um dich ordentlich auszupowern und warmzuschwimmen? Möglicherweise mit anschließendem wohltuenden Saunabesuch? Für alle Geschmäcker hält Dortmund das richtige Bad bereit.

Drei städtische Hallenbäder sind dabei: Das **Westbad** (Kortental 15) und das **Nordbad** (im Dietrich-Keuning-Haus, Leopoldstr. 50–58) kommen mit einer Standardausstattung daher, die Becken haben eine Länge von 25 m. Das **Südbad** (Ruhrallee 30) ist dagegen eine

Art „Vorzeigebad" für Sportschwimmer. Dank der Beckenlänge von 50 m und allen denkbaren Sprungbrettern in bis zu 10 m Höhe werden hier regelmäßig Wettkämpfe ausgetragen. Mehr Infos zu Süd-, West- und Nordbad gibt's unter: www.dortmund.de

--> Leben in Dortmund
--> Sport --> Schwimmbäder

In den Vororten ist eine ganze Reihe von Bädern in privater Träger-schaft zu finden. Im östlichen Stadtgebiet befinden sich die Hallen-bäder **Aplerbeck** (Diakon-Koch-Weg 6), **Brackel** (Oesterstr. 68) und Scharnhorst – letzteres mit dem schönen Namen **Die Welle** (Glei-witzstr. 279a). Alle drei Hallenbäder verfügen über eine Beckenlän-ge von 25 m und über ein Lehrschwimmbecken. In Brackel findest du zusätzlich zum 1-Meter-Brett auch noch ein 3 m hohes. Und wenn du keine Lust auf Kunstsprünge hast, kannst du dich einfach von den Massagedüsen im kleinen Becken bearbeiten lassen oder mit der Wasserfontäne herumalbern. Die Welle bietet solehaltiges Wasser ohne Chlor und ein Dampfbad.

Im Süden der Stadt findest du die Hallen-bäder **Hörde** (Eichsfeld 5) und **Hombruch** (Deutsch-Luxemburger-Str. 63). Beide ha-ben ein 25 m langes Schwimmbecken mit 1 und 3 m hohen Sprungbrettern sowie ein Lehrschwimmbecken im Angebot. In Hörde kannst du auf der Doppelrutsche Rutschwettbewerbe veranstalten und danach entspannt in die Sauna gehen. Und Fitness – trocken oder nass – wird hier ebenfalls im zum Bad gehörigen Fitnessraum oder bei Aquafitness, Aquacycling oder Aquajogging geboten.

Ganz ähnlich ausgestattet sind die Bäder im Norden bzw. Nordwe-sten: **Eving** (Württembergerstr. 2) und **Mengede** (Neumarkstr. 40) sowie das Bad im Westen in **Lütgendortmund** (Volksgartenstr. 80). In allen kannst du 25 m lange Bahnen schwimmen, im Lehr-schwimmbecken plantschen oder vom 1- und 3-Meter-Brett sprin-gen. In Eving gibt es auch die Möglichkeit, Kurse in Aquafitness oder Aquazumba zu buchen.

Dortmund

Eine Übersicht über alle privaten Hallenbäder, die von unterschiedlichen Trägern betrieben werden, findest du ebenfalls unter:
www.dortmund.de --> Leben in Dortmund --> Sport --> Schwimmbäder

Thermalbäder

Dir ist im Moment eigentlich grundsätzlich und vor allem kalt und du möchtest viel lieber ein warmes Bad nehmen, als im kühlen Nass deine Bahnen zu ziehen? Absolut nachvollziehbar.

Wenn dir eher nach einem kleinen Kurzurlaub als nach sportlicher Verausgabung ist, bietet dir das **Sole- und Allwetterbad** im Revierpark Wischlingen (Höfkerstr. 12) eine perfekte Möglichkeit, etwas Entspannung zu genießen. Neben verschiedenen, wohltemperierten Schwimmbecken drinnen und ganzjährig auch draußen findest du entspannende Whirlpools, eine Salzgrotte und eine beachtliche Saunalandschaft. Die Saunen befinden sich zum Teil drinnen, aber auch auf dem Außengelände sind unterschiedlichste kleine Sauna-Hütten verteilt. Auf Anwendungen wie Massagen musst du hier aber leider verzichten. www.wischlingen.de
--> Sole- und Allwetterbad --> Sauna

Auch das **Hagener Westfalenbad** (Stadionstr. 15, 58097 Hagen), 25 km von Dortmund, hat einiges zu bieten! Hier gibt es neben dem schönen, 34 Grad warmen Außen-Sole-Becken mit Bodensprudlern, Whirl-Liegen und Nackenduschen auch ein 50-Meter-Sportbecken sowie Innenbecken mit Strömungskanal, Schwimmgrotte und Breitrutsche. Und so schöne Dinge wie Candle-Light-Schwimmen, Sauna und Wellness kannst du auch haben. www.westfalenbad.de

Saunen und Dampfbäder

Das allerdeutlichste Gegenteil von frieren und frösteln ist schwitzen! Ist inzwischen vermutlich schon ein Weilchen her, dass dir richtig warm war. Falls du Sehnsucht danach hast, genieß doch den nächsten Aufguss in einer dieser Saunen:

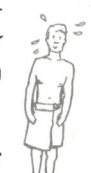

Wenn du ein Sauna-Fan bist, wird dir bestimmt das **Jumbocenter** (Dammstr. 44) gefallen. Neben einer Finnischen Sauna, einer Biosauna und einer Dampfsauna, gibt es ein Hamam, ein Schwimmbecken und natürlich auch einen Whirlpool. www.jumbocenter.net

Noch mehr Saunen findest du im **Meditherme Ruhrpark** (Kohlleppelsweg 45, 44791 Bochum), 20 km von Dortmund entfernt. Biosauna, TV-Sauna (!), Salzsauna, Infrarot-Sauna, Sahara-Sauna, Mühlensauna, Sauna Mediterrano, Erdsauna, Steinsauna, Große Aufguss-Sauna und Panoramasauna — wie klingt das für dich? Hier wird geschwitzt, was die Poren hergeben! Und wenn da nichts mehr zu schwitzen ist, gibt es noch ein warmes Sole-Becken, ein Kneippbecken, Sonnengrotten, Dampfbäder und Salzgrotten. Hach! www.meditherme.de

Ein original türkisches Dampfbad ist das **Sahara Hamam** (Meissener Str. 15). Hier kannst du unter Geschlechtsgenossen (bzw. -genossinnen) entspannen. Öffnungszeiten für den gemischten Besuch gibt's nicht, also besser vorher schauen, ob heute Frauen- oder Männertag ist! www.sahara-hamam.de

Schlägersport

Das **Universum Fit-Gym** (Köln-Berliner-Str. 144) im östlichen „Vorort" Aplerbeck bietet alles, was du brauchst, um im Winter deine überschüssige Energie loszuwerden: Tennis- und Badmintonplätze, Squashcourts, Tischtennisplatten, Fitnesskurse, Angebote für Taekwondo und Tai-Chi, Billardtische und Saunen. Und für das

gesellige Beisammensein nach dem kollektiven Schwitzen steht dir eine Sportsbar zur Verfügung. www.universum-fit-gym.de

Nicht ganz so umfangreich, aber dennoch ordentlich, ist das Angebot in der **Sportbox** in Körne (Alte Str. 29), nur wenige Minuten östlich der Innenstadt (U-Bahn-Station Am Zehnthof). Die Anlage bietet Badmintonplätze und einen großen Fitnessbereich, Fitnesskurse, Ernährungskurse und für die Entspannung danach ebenfalls Sauna und Dampfbad. www.sportbox-dortmund.com

Klettern und Bouldern

Eine etwas andere Begegnung mit der Dortmunder Bergbaugeschichte erwartet dich in der **Kletterhalle Bergwerk** (Emscherallee 33). Sie befindet sich in der ehemaligen Maschinenhalle der Kokerei Hansa, was für die Extraportion Atmosphäre sorgt. Auf 3.600 m² können Anfänger und Fortgeschrittene klettern und bouldern. Bis zu 20 m geht's nach oben. www.kletterhalle-bergwerk.de

Der **Kletter Max** in der Helmut-Körnig-Halle (Strobelallee 40) im Schatten des Westfalenstadions liegt dagegen etwas zentraler. Auf über 1000 m² kannst du an Wänden und Türmen mit unterschiedlichen Strukturen bis zu 21 m in die Höhe klettern und bouldern. Anfänger und Fortgeschrittene sind willkommen, allerdings ist eine Voranmeldung nötig. www.kletter-max.de

Fußball

Klar – auch im Winter wird draußen Fußball gespielt. Aber mit Heizung und Dach überm Kopf macht das Ganze bei Minusgraden und Schneegestöber draußen möglicherweise etwas mehr Spaß!

In Dortmund kannst du ca. 2 km von der Innenstadt entfernt im **Soccer City Center Dortmund** (Zinkhüttenweg 11) kicken. Auf den Courts dürfen jeweils acht bis 14 Personen spielen – bei gutem

Wetter auch unter freiem Himmel. Außerdem gibt's hier eine Sportsbar, die sich für die Abkühlung nach der heißen Partie anbietet. www.soccer-city-center.de

Im Dortmunder Norden befindet sich das Städtchen Lünen. Hier findest du die **Soccer Hall Lünen** (Scharnhorststr. 7, 44532 Lünen), die fünf Courts in vier Größen anbietet. Je nach Court können pro Mannschaft drei bis sechs Spieler mitmachen. Außerdem gibt es einen Beachsoccer- und einen Beachvolleyball-Court.
www.soccerhall-luenen.de

Billard

Vermutlich DIE Institution zum Billardspielen ist das **Köö** in der Innenstadt (Ernst-Mehlich-Str. 6). Neben Billard gibt's auch Kickertische und Darts. Und täglich zwischen 17.00 und 19.00 Uhr sowie sonntags bis donnerstags von 23.00 Uhr bis 1.00 Uhr zahlst du lediglich 1 Euro für die Billardstunde. www.koe-dortmund.de

Dagegen ist die **Manhattan Sportsbar** (Von-der-Tann-Str. 13) eher ein Insidertipp. Hier kannst du ebenfalls nicht nur Billard spielen, sondern dich auch an den Dartscheiben versuchen. Außerdem werden so ziemlich alle Fußballspiele gezeigt.
www.manhattan-sportsbar.com

Kegeln & Bowling

Erste Anlaufstelle zum Bowlen ist der **Bowltreff** in der Innenstadt (Mallinckrodtstr. 212, U41 Haltestelle Leopoldstr.) mit 14 Bowlingbahnen und zehn Kegelbahnen. Wer nicht nur für die ruhige Kugel hier ist, kann sich an der Bar auch einen Cocktail mixen lassen.
www.bowltreff.de

Wenn du es lieber traditioneller magst, wirst du dich wohl fürs Kegeln entscheiden. Im **Kegel Center Dortmund** in der Innenstadt

(Märkische Str. 84) stehen dir zehn Kegelbahnen zur Verfügung, außerdem ein Restaurant mit gutbürgerlicher Küche.
www.kegelcenter-dortmund.de

Übrigens haben auch viele der traditionellen Dortmunder Kneipen Kegelbahnen im Keller. Meistens findest du außen schon ein Hinweisschild darauf. In der Regel freuen die Wirte sich sehr über neue Gesichter – also einfach mal reingehen und ausprobieren. In Dortmund spielt man zum Beispiel „Borsigplatz". Der Wirt kann dir die Regeln bestimmt erklären ...

Indoor-Skifahren

Schneesicher und garantiert ohne Schmuddelwetter: Im 40 km entfernten Bottrop befindet sich das **Alpincenter** (Brosperstr. 299–301, 46238 Bottrop). Hier ist die längste Skihalle der Welt zu Hause, inklusive 640 m langer Piste. Wer noch unsicher auf den Brettern oder dem Board steht, meldet sich in der Skischule an. Skier und Snowboard kannst du auch ausleihen. Die All-Inclusive-Tickets für 25 bis 32 Euro sichern außerdem nicht nur den Spaß auf der Piste, sondern auch das leibliche Wohl. Und das Après-Ski wird natürlich auch nicht vernachlässigt. www.alpincenter.com

Eishallen

Die **Eishalle Wischlingen** (Revierpark Wischlingen, Höfkerstr. 12) besitzt zwei höhenversetzte Eisflächen, die durch zwei Rampen mit leichter Steigung verbunden sind. Neben Schlittschuhkursen wird hier alles geboten, was eine ordentliche Eisbahn nun mal haben muss: Eislaufen mit Musik, Eislaufen ohne Musik, Mottoparties und

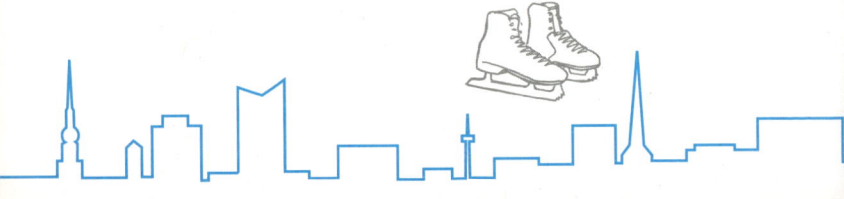

Eisdisco. Für ein paar Euro kannst du deine Schlittschuhe hier auch fachmännisch schleifen lassen. www.wischlingen.de   --> Eishalle

Im **Eissportzentrum West-falen** (Strobelallee 32), nur einen Steinwurf vom West-falenstadion entfernt, trainieren die Leistungssportler im Eiskunstlauf und Eistanz, außerdem tragen die Eisadler Dortmund hier ihre Heimspiele aus. Aber auch den Freizeit-Eisläufern steht eine Lauffläche zur Verfügung. Parken kannst du in der Tiefgarage. Oder du lässt dich einfach bequem mit der U45 bzw. U46 bis zur Haltestelle Westfalenhalle fahren. Achtung: Unbedingt vorher informieren, ob der BVB am selben Tag ein Heimspiel hat! In dem Fall ist hier nämlich kein Durchkommen. www.eissportzentrum-westfalen.de

Hochschulsport

Zugegeben – es ist nicht immer einfach, einen Platz im gewünschten Sportkurs der TU Dortmund zu ergattern. Aber ein Versuch lohnt sich, denn die Auswahl an Sportarten ist sehr umfangreich: von Aikido über Einradfahren, Fechten und Hockey bis Zumba wird jeder erdenkliche Sport angeboten. Und günstiger kann man neue Sportarten kaum ausprobieren. Auch Nicht-Studis sind gegen eine humane Gebühr willkommen. www.hs.tu-dortmund.de

Sportvereine

Von Angeln über Snooker bis Turnen und Tanzen – in Dortmund sind zahlreiche Sportvereine zu Hause. Über die in deiner Nähe kannst du dich gut in der **Datenbank Sportvereine in Dortmund** informieren; einfach Stadtteil und Sportart auswählen und schon wird dir der nächste Verein angezeigt. www.dortmund.de

--> Leben in Dortmund --> Sport
--> Sportanlagen und Sportvereine

Draußen

Wenn es knackig kalt ist und im Idealfall der Schnee rieselt, dann ist der Zeitpunkt gekommen, an dem du endlich wieder deine Skier rausholen, das Snowboard abstauben und die Schlittschuhe hervorkramen kannst.

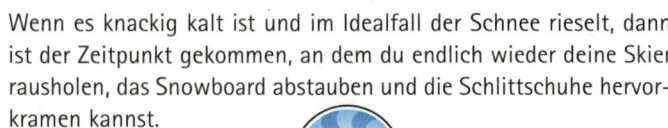

Schlittenfahren

Mit dem Schlittenfahren verhält es sich in Dortmund wie mit dem Skilanglauf: Jede winzige Gelegenheit wird genutzt. Und das heißt beim Schlittenfahren: Jeder kleinste Hügel wird befahren. Der große Spaß kommt dabei hauptsächlich für Dreikäsehochs auf, denn für alle anderen sind die Hügel schon arg klein.

Ein Klassiker befindet sich auf dem **Brackeler Hauptfriedhof**. Hier wird fleißig Schlitten gefahren – nach wenigen Metern ist die Abfahrt aber bereits vorbei. Ein paar andere, längere und steilere Pisten findest du im **Volksgarten**. Das reicht dir noch nicht? Da heißt es: Schlitten eingepackt und ab ins – na klar – **Sauerland**!

--> siehe nächste Seite!

Eislaufen

Das Freiluft-Schlittschuhlaufen gestaltet sich in Dortmund leider immer schwierig – egal, wie lange die Temperaturen standhaft unter dem Gefrierpunkt bleiben, die Seen und Teiche werden leider so gut wie nie zum Eislaufen freigegeben. Aber einen Ersatz findest du ja in den entsprechenden Hallen. --> s. Drinnen, S. 140

Oder du machst dich auf den Weg in DAS Eislaufmekka der Region: ins 30 km entfernte Essen! Hier bietet dir die stillgelegte **Zeche**

Zollverein großen Eislaufspaß. Vor der Kulisse der ehemals größten Zentralkokerei Europas kannst du entspannt deine Bahnen ziehen – am Wochenende taucht die Eisdisco dabei die alten Industrieanlagen abends cool in rotes und blaues Licht!
www.zollverein.de

Abfahrt, Langlauf, Snowboard & Co.

Obwohl das Ruhrgebiet erst mal nicht nach verschneiten Bergen und weißen Hängen klingt, die dazu einladen, sich die Skier anzuschnallen und die Pisten zu bestürmen, muss wirklich niemand auf Wintersport verzichten. Schließlich liegt das **Sauerland** praktisch direkt vor der Tür. Ein Mittelgebirge mitten in Westfalen! Ob snowboarden, carven, rodeln oder langlaufen – wo im Sommer an den Ufern des Möhne- oder Sorpesees gefaulenzt werden kann, laden im Winter die Erhebungen des Rothaargebirges zu jedem erdenklichen Wintersport ein.

Abfahrten in Winterberg

Im gute 100 km von Dortmund entfernten Winterberg ist der Name Programm: Im Schatten der St.-Georg-Skisprungschanze befinden sich zehn Skigebiete mit 83 Abfahrten und einer Gesamtlänge von über 50 km. Das **Skiliftkarussell Winterberg** wurde als bestes Skigebiet der deutschen Mittelgebirge ausgezeichnet! Für Anfänger bietet sich der „Sahnehang" an. Dank seiner Lage und der Beschneiungsanlagen gilt er als der schneesicherste Hang der Region.

Der Kahle Asten ist mit einer Höhe von 841,9 m der zweithöchste Berg Nordrhein-Westfalens. Ob schwarze Pisten oder Steilkurven: Das **Skidorf Neuastenberg–Postwiese** an der südlichen Seite des Kahlen Astens bietet alles, was das Wintersportlerherz begehrt. Bei 16 Abfahrten finden sowohl Anfänger als auch Profis die richtige Piste. Eine Übersicht über alle Skigebiete in Winterberg findest du unter: www.winterberg.de --> winter

Dortmund Dortmund endlich
endlich endlich

Abfahrten in Willingen Upland

Jedes Jahr im Januar oder Februar wird das beschauliche Städtchen **Willingen** (ca. 120 km von Dortmund) im nordöstlichen Rothaargebirge ein Wochenende lang von Tausenden Wintersportverrückten überrollt und verwandelt sich in eine Hochburg feierwütiger Skisprung-Fans: Auf der Mühlenkopfschanze findet ein FIS (Fédération Internationale de Ski)-Weltcup im Skispringen statt. Aber auch alle, die nicht nur gucken wollen, kommen hier voll auf ihre Kosten.

Das Skigebiet Willingen wartet mit 14 Liftanlagen auf und hat unter anderem eine Abfahrt von 2 km Länge – das ist die längste Abfahrt in der Region. Flutlichtanlagen garantieren den Spaß auf der Piste auch nach Anbruch der Dunkelheit. Die Nutzung der über 1.400 Parkplätze in unmittelbarer Nähe zu den Skiliften ist übrigens durchweg kostenlos. Nach dem Sport empfiehlt sich entweder ein gemütliches Essen im Dorf, z.B. im urigen Pfannkuchen-Stübchen, oder aber Après-Ski in Siggis Hütte – eine Willinger Institution! www.winterpark-willingen.info

Lange Loipen

Sowohl in Winterberg als auch in Willingen finden auch Skilangläufer alles, was sie brauchen: In Winterberg kannst du in der **Snow World Züschen** der Siebenahornloipe folgen. 328 Höhenmeter müssen hier überwunden werden. Die sind nicht zu unterschätzen, die Spur ist eher fortgeschrittenen Läufern zu empfehlen. Los geht's auf der Straße Zum Homberg, wo du nach über 12 km auch wieder ankommst.

Für Profis eignet sich der **Alte Hagen** in Willingen. Die 244 Höhenmeter hören sich zwar zunächst nicht sooo schlimm an, trotzdem sollten Anfänger die Spur meiden. Start und Ziel ist die Mühlenkopfstraße in Willingen.

Eine gute Übersicht über die Loipen im Sauerland inkl. individuellem Onlineplaner findest du unter: www.nordicsport-arena.de

Weihnachtszeit

Die Vorweihnachtszeit ist doch die schönste Zeit des Jahres! Lass keinen Geschenke- und Vorweihnachtsstress aufkommen und genieße lieber die Lichter in allen Straßen und den Duft nach Zimt, Gebäck und Tannenzweigen. Etwa auf den kleinen ein- oder zweitägigen Weihnachtsmärkten, die von Zeit zu Zeit in den Vororten Dortmunds stattfinden oder auf einem der zahlreichen Christkindlmärkten der Dortmunder Kirchen. Die **St. Clemens Kirche** in Brackel (Flughafenstr. 50) veranstaltet ihren zum Beispiel immer am ersten Advent.

Und wo wir gerade bei Kirchen sind: Auch der **Gottesdienst zum Geburtstag des BVB am 19. Dezember** in der Dreifaltigkeitskirche (Flurstr. 10) gehört in Dortmund einfach zum Winter. Wer dem Fußball zu Weihnachten lieber aus dem Weg gehen will, findet aber auch den klassischen Weihnachtsmarkt in der Innenstadt – fast ganz ohne Fußball.

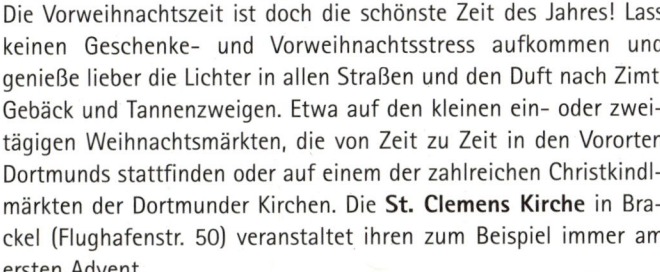

Winterleuchten im Westfalenpark: Nicht nur für Romantiker! Ein Märchenland aus Tausenden von Lichtern, Videoprojektionen und Lichtskulpturen bei Glühwein und heißem Kakao. Highlight ist das Abschluss-Feuerwerk Anfang Januar.

--> s. „Feste & Festivals", S. 226

Dortmund

Dortmund

endlich

endlich

endlich

endlich

Weihnachtsmarkt Dortmund

Über 300 Stände machen den Dortmunder Weihnachtsmarkt zu einem der größten Deutschlands. Um die zwei Millionen Besucher verzeichnet er jährlich – da ist es nicht verwunderlich, dass du viele verschiedene Sprachen zu hören bekommst, wenn du nur aufmerksam genug zwischen Glühweinständen und Weihnachtsbaumschmuck dahinschlenderst. Der Markt erstreckt sich fast über die gesamte Innenstadt – von der Kleppingstraße über Ostenhellweg, Alten Markt, Hansaplatz, Platz von Netanya bis zum Petrikirchhof. Die 300 Hütten sind alle individuell weihnachtlich gestaltet und bieten alles, was man sich vorstellen kann. Natürlich kommt das leibliche Wohl in ess- wie auch in trinkbarer Form nicht zu kurz. www.dortmunderweihnachtsmarkt.de

Der größte Weihnachtsbaum der Welt

Ein Highlight bildet seit 1996 der weltgrößte Weihnachtsbaum mitten auf dem **Hansaplatz**. Innerhalb von vier Wochen werden jährlich 1.700 Fichten in Form gebracht und mit 48.000 Lämpchen geschmückt. In den entsprechenden Jahren, in denen der BVB so richtig erfolgreich war, ist sogar eine überdimensionale Meisterschale am Baum zu sehen – ein riesiger Fußball auf der Spitze des Baums anstelle des Engels konnte sich bisher aber nicht durchsetzen. Wie auch immer man das Projekt in seinen ersten Jahren fand, mittlerweile ist der 45 m hohe Riesenweihnachtsbaum nicht mehr aus Dortmund wegzudenken!

Der sprechende Baum

Neben der **Reinoldikirche** steht dagegen der sprechende Baum – und zwar gefühlt schon immer – und erzählt mit seiner tiefen Märchenopa-Stimme die Geschichten von Schneewittchen, Rotkäppchen und Co. Genauso wie die Kinder heute mit offenem Mund vor dem Zaun stehen, lauschen und die lebensgroßen Märchenfiguren bestaunen, haben wohl die meisten Dortmunder in ihrer Kindheit vor dem sprechenden Baum gestanden. Ein absolutes Muss für Neu-Dortmunder! Um dich zu beruhigen: Ein ganzes Märchen musst du nicht unbedingt durchhalten. Du wirst sehen bzw. hören, dass der sprechende Baum nicht der allerschnellste Erzähler ist.
www.dortmunderweihnachtsmarkt.de --> Für Kinder

Kulinarisches zur Weihnachtszeit

Zwar gibt es nicht DAS Dortmunder Weihnachtsgebäck, aber natürlich findest du trotzdem eine Anlaufstelle, wenn dir nach Marzipan und Zimt ist und du keine Zeit oder Lust hast, selbst zu Quirl und Rührschüssel zu greifen. Die Traditionsbäckerei **Fischer am Rathaus** (Betenstr. 14) hat alles, was das Herz begehrt und verkörpert dabei sogar noch pure Bäcker-Tradition. www.fischer-am-rathaus.de

Und für alle, die offen für Neues sind oder dem heißen, süßen Glühwein auf dem Weihnachtsmarkt nicht so viel abgewinnen können, bietet der **Kiosk der Bergmann Brauerei** (Hoher Wall 36) regelmäßig Glühbier an. Manchmal sogar mit Wintergrillen. Bier und Bratwurst zur Weihnachtszeit – das ist Dortmund!
www.harte-arbeit-ehrlicher-lohn.de
--> Bezugsquellen --> Bergmann Kiosk

Musik Musik

Mus

abhorsten

DJan

abhorsten abhorsten

Feiern
Feiern
Feiern
Club
Club
Club
Club
Musik
Musik
Musik
Musik
Musik
DJane
Flirt-Faktor
Flirt-Faktor
Flirt-Faktor
abhorsten

Wenn die Nacht über Dortmund hereinbricht, gehen in den Clubs der Stadt die Lichter erst an. Und die ziehen tanzwütige Nachtschwärmer magisch in ihren Bann. Eine ganze Menge von ihnen wirft sich jeden Abend gut gelaunt ins Partygetümmel der Ruhrpott-Metropole. Dabei ist es ganz egal, welche Musikrichtung du am liebsten hörst: Zur Schlagermusik laut grölen? Mit den Haaren wild headbangen? Lässig zu Reggae tanzen? Coole Moves zu RnB abliefern? Einfach nur guten Pop hören? Oder alles zusammen? Such es dir aus, die überschaubare, aber feine Dortmunder Clublandschaft lässt (fast) keine Wünsche offen.

Clubs, Plattenteller & Co.

Alter Weinkeller (Märkische Str. 22): Feiern in einem Weinkeller? Das klingt nicht nur besonders, sondern ist auch ziemlich cool! Abwechselnd beziehen verschiedene Partys den ungefähr 150 m² großen, alten Gewölbekeller und verwandeln ihn in ein Feierparadies. Die Ziegelsteindecke ist ein echter Hingucker. Musikalisch gesehen läuft hier je nach Veranstaltung fast alles, regelmäßig sind z. B. die Partys „We love U" und „Blackout" zu Gast.
www.weinkeller-dortmund.de

Antons Bierkönig (Brückstr. 43, Eingang Bissenkamp 11-13): Der bunte Mix aus Pop und viel deutschem Schlager ist definitiv Geschmackssache. Aber die Bude ist immer voll – meist mit gemischtem Publikum von 21 bis Ü40 –, die Stimmung ausgelassen und auf der Tanzfläche wird es eng und schwitzig. Zusätzlich locken regelmäßig günstige Getränkespecials in den Bierkönig.
www.antonsbierkoenig.de --> Dortmund

Club Guacara (Ludwigstr. 14): Wer auf feurige Salsa-, Merengue-, Bachata- und Kizomba-Klänge steht, hat hier sein Paradies gefunden, denn die Guacara ist der Latin-Club in Dortmund! Passend zum

jeweiligen Motto des Abends gibt es nicht nur außergewöhnliche Getränke-Specials, manchmal findet auch zusätzlich ein kleiner Tanz-Crashkurs statt. www.guacara-latina.com

Daddy Blatzheim (An der Buschmühle 100): Wer hier zum ersten Mal feiert, wird große Augen machen. Die futuristische, immer blinkende Lichtinstallation über der Tanzfläche ist in Dortmund einmalig und verleiht dem Club am Rande des Westfalenparks ein

einzigartiges Flair. Die feiernde Meute tanzt sich die Füße auf dem Holzboden wund, je nach Party zu allem von Hip-Hop über 90er-Sound bis zu Indie. Und wenn's dir auf der Tanzfläche zu heiß wird, kannst du auf der Terrasse mit Blick auf den Westfalenpark frische Luft schnappen. www.daddyblatzheim.de

Im **FZW** (Ritterstr. 20) – das steht übrigens für Freizeitzentrum West – finden nicht nur tolle Konzerte von kleinen und großen Bands statt, hier kannst du auch sehr groß feiern. In der geräumigen und alternativ angehauchten Location in direkter Nachbarschaft zum Dortmunder U finden verschiedene Mottopartys wie die „Rabenschwarze Nacht" oder wilde Rock-Partys statt. Das breit aufgestellte Programm versteht es aber, nicht nur Rocker, sondern auch die Anhänger anderer Musikszenen glücklich zu machen – außer vielleicht Schickimicki-Jünger. www.fzw.de

Großmarktschänke (Heiliger Weg 60g): Der Dortmunder Geheimtipp für alle, die es funky und groovig mögen. Denn die stylische Retro-Location liefert eine erlesene Musikauswahl von 60er-Soul über Indie, Rock und Electro bis zu Reggae und Hip-Hop. Der in

schummriges Rotlicht getauchte und liebevoll mit jeder Menge Krimskrams dekorierte Laden versprüht eine heimelige Atmosphäre. Kein Wunder, dass das studentisch-entspannte Publikum ab 21 sich hier pudelwohl fühlt und bis in die frühen Morgenstunden zwischen Leofell, gemusterten Sofas und Hirschgeweih die Hüften kreisen lässt. www.grossmarktschaenke.de

Herr Walter (Speicherstr. 90) legt direkt im Dortmunder Hafen an. Schiffe und Wasser verbindet man jetzt nicht unbedingt direkt mit Dortmund. Darum ist das Partyboot mal eine etwas andere Location zum Feiern und alleine deshalb schon Garant für einen besonderen Abend. Auf und unter Deck des Eventschiffs kannst du aber nicht nur zu 80er-, 90er- und rockigen Klassikern das Tanzbein schwingen, die Macher locken Landratten zusätzlich mit Livebands, Vorträgen, Fußball und Lesungen an Bord. www.herr-walter.de

iRoom! (Kampstr. 45): Der iRoom! ist eine schicke Location in bester Lage. Dementsprechend ist das Publikum – und darauf bedacht, auch genau so zu wirken. Im Glas schwappen szenige Cocktails und getanzt wird im gepflegten Outfit zu massentauglicher Charts-Musik. Wer stattdessen lieber entspannt, macht es sich in der Shisha-Lounge gemütlich. www.facebook.com/iroomclub

Der **Mad Club** (Kirchderner Str. 41) mit seinem speziellen, etwas düsteren, aber sehr coolen und urbanen Look steht für deepe und tighte Sounds. Mitten im Hoeschpark wummert hier der Bass so, dass du ihn noch am Morgen danach in deinen Ohren hörst. Das ist

nichts für Leute, die auf einfach gestrickte Party-Mucke stehen, sondern deren Herz voll und ganz im Takt von Techno und House schlägt. www.mad-club.de --> Dortmund

Marlene Bar (Humboldtstr. 1-3): In der kleinen ehemaligen Rotlichtbar in direkter Nähe zum U gibt's sündhaft leckere Drinks und tanzbare Musik querbeet, je nach Lust und Laune. Hier feiern eher Mittzwanziger und Leute in den Dreißigern als das ganz junge Gemüse, denn die Türsteher lassen in der Regel erst Leute ab 25 rein. Die Clubeinrichtung bezaubert mit witzigen Details und Lichteffekten. Tipp: Unbedingt mal das stille Örtchen aufsuchen, denn auch hier hat man mit spaßigen Highlights nicht gespart.
www.marlene-bar.de

MOOG (Leonie-Reygers-Terrasse): Quasi als kleine Schwester des VIEW (s. S. 161) liegt das MOOG in der untersten Etage des U-Turms. Deinen kleinen Bruder lässt du trotzdem lieber zu Hause, denn in dem szenigen Club dürfen erst Partypeople ab 21 Jahren zu vorwiegend elektronischen Sounds abtanzen. Die überschaubare Location erinnert an eine aufgemotzte Cocktailbar aus einem modernen Hollywoodstreifen. www.moog-dortmund.de

Nightrooms (Hansastr. 5-7): Hier ist für jeden was dabei! Denn neben einer großen Charts-Halle gibt's noch einen RnB- und einen House-Floor. Auch wegen seiner zentralen Lage direkt an der Reinoldikirche ist das Nightrooms immer gut besucht und bei fast jedem beliebt. So kommt es schon mal vor, dass du hier den ein oder anderen Fußballstar des BVB triffst. Zudem legen oft B- oder C-Promis am DJ-Pult auf. Um am Türsteher vorbeizukommen, solltest du die Jogginghose besser auf der Couch lassen. www.nightrooms.de

Oma Doris (Reinoldistr. 2-4): Gepolsterte Sitzgruppen und Kronleuchter sorgen im ehemaligen Tanzcafé immer noch für Retro-Charme – und bilden damit die perfekte Kulisse für Abende, an denen Partygeschichte geschrieben wird. Auf der mit vielen kleinen

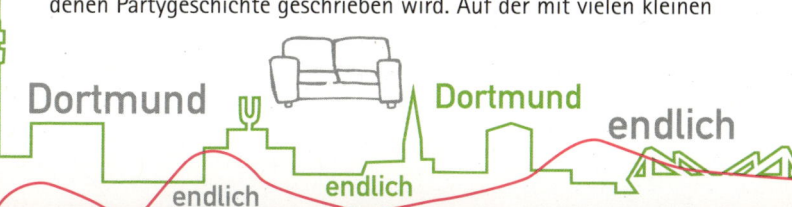

Lampen cool beleuchteten Tanzfläche macht das Partyvolk die Nächte zu Indie und alternativer Musik, aber auch zu elektronischen und Hip-Hop-Sounds zum Tag. Die populäre Indie-Party „The Beat" findet ebenfalls in Omas heiligen Hallen statt. www.omadoris.de

Prisma (Deutsche Str. 6): Mit einer gepflegten Jeans-Hemd-Kombi kommst du bequem in die größte Diskothek Dortmunds und kannst dir aussuchen, ob du lieber zu Charts, Hip-Hop oder Electro tanzen möchtest. Bei akutem Partydurchhänger empfiehlt sich ein Abstecher ins Nachtcafé, um dich zu stärken, oder du lässt dich am Rand der Tanzfläche von den Lichteffekten faszinieren. Vorsicht: In der Disco an der ehemaligen Zeche Minister Stein tummelt sich vorwiegend sehr junges Publikum, insbesondere freitags, da ist schon ab 16 Jahren Einlass. www.prisma-nachterlebniswelt.de --> Dortmund

Rush Hour (Im Spähenfelde 51): Wer auf (Großraum-)Disco steht, wird auch im Rush Hour ganz sicher auf seine Kosten kommen. Hier hast du die Auswahl zwischen gleich sechs verschiedenen Areas. Beliebt sind vor allem der Mainfloor mit seiner überdimensionalen LED-Installation, der Black-Music-Floor und in lauen Sommernächten zieht es die Partygäste magisch in den liebevoll mit Holz, Bast und Palmen gestalteten „Cuba Garden", der sich mit Cocktail in der Hand wirklich wie eine Auszeit in der Karibik anfühlt. www.rushhour-nachtpalast.de

Silent Sinners (Ritterhausstr. 65): Die 90er sind wieder da. Und wie! Im Silent Sinners wird zweimal im Monat mit der „Eurodance" die legendärste 90er-Party Dortmunds gefeiert. Auch wenn man ab 2.00 Uhr keine Luft mehr bekommt und der Schweiß von der Decke tropft: So ausgelassen wie hier feiert man selten in Dortmund. Komm am besten früh und vermeide dadurch langes Anstehen, denn auch sonst zieht der Laden mit seinem facettenreichen Musik-Mix eine Menge Feierwütige an. www.silent-sinners.de

Sissikingkong (Landwehrstr. 17): Im Keller des Sissikingkong werden kunterbunte Partys gefeiert – mal privat, mal öffentlich. Einmal im Monat zündet die beliebte Party „La Boum" mit einer wilden Mischung aus Beat, Boogie, Balkan Beats, Swing und Rock 'n' Roll ihr Partyfeuerwerk. Wer hungrig und durstig kommt, kann sich vorher in der oberen Etage für die lange Nacht stärken. Überwiegend Studenten und Kreative finden die etwas abgerockte, aber charmante Retro-Atmosphäre in der Sissi super. www.sissikingkong.de

Spirit (Helle 9): Kein Club in Dortmund ist älter als das Spirit. Mitten im Brückstraßenviertel treffen sich hier Anwälte, Studenten, Prostituierte und Fußballprofis. Die Getränke sind spottbillig, die Location hat allerdings einen gewissen Ranz-Faktor. Doch egal: Sobald die ersten harten Gitarrenriffs erklingen, geht es ab. Ein echter Rockerschuppen eben, der seinem Namen im positiven Sinne alle Ehre macht. Das Spirit ist einfach Kult!
www.facebook.com/discothek.spirit

VIEW (Leonie-Reygers-Terrasse): Clubben hoch über den Dächern von Dortmund? Das geht im VIEW. Der angesagte Club befindet sich im siebten Stock des Dortmunder U-Turms. Und dank großzügiger Fensterfronten hast du die Lichter der Stadt beim Feiern immer genau im Blick. Wie das Publikum ist auch die Location eine angenehme Mischung aus edel und bodenständig, dazu passt der musikalische Mix von RnB über 80er und 90er bis zu House und den angesagtesten Charts-Hits. www.view-dortmund.de

Village (Westenhellweg 85): Die kleine Disco mitten auf der Haupteinkaufsstraße Dortmunds spielt vorwiegend RnB und Charts-Musik und gehört mittlerweile zu den Urgesteinen im Dortmunder Nachtleben. Wenn du auf klassisches Disco-Feeling aus bist und dich gerne von dem ein oder anderen Preisspecial locken lässt, solltest du das Village auf jeden Fall auf dem Plan haben. Auch hier gehen vor allem ziemlich junge Leute ein und aus. www.village-club.de

Partys

Bei dem großen Partyangebot fällt es manchmal schwer, sich zu entscheiden. Natürlich gibt es in jeder Stadt populäre Partyreihen, die als Pflichttermin in deinem Kalender stehen sollten. Folgende Partys solltest du dir in Dortmund nicht entgehen lassen:

Coco Jambo: Diese Party ist die Abrissbirne von Dortmund! Coco Jambo verwandelt jeden Club in einen kollektiven Ekstasezustand. Trash-Musik, 90er-Mucke, Hip-Hop, Rock – einfach abspacken lautet das Motto! Jeden zweiten Samstag im Monat, meistens in der Oma Doris. www.facebook.com/mr.coco.jambo

Keep it real … und so: Auf dieser Party werden die Hüften und Booties geshaket, als gäbe es kein Morgen mehr. Amerikanischer Rap und deutscher Hip-Hop, ganz nach der Devise: Keep It Real! Die Party findet regelmäßig im Daddy Blatzheim statt.

No Rules: Abwechselnd im iRoom und im VIEW gibt's bei „No Rules" das Beste aus RnB, Hip-Hop, House und Charts. Die Party ist vor allem bei feierwütigen Studenten beliebt.
www.norules-events.de

The Golden Era: Die goldene Ära wird hier mit Hip-Hop aus den 80ern und 90ern sowie einer großen Portion Funk, Soul und Groove heraufbeschworen. Kein Wunder, dass da die Beine nicht still stehen. Jeden dritten Samstag im Monat ist die Partyreihe in der Großmarktschänke zu Gast.

Uni-Partys

Keine Lust auf Disco? Wenn du stattdessen lieber mit deinen Kommilitonen feiern willst oder einfach neugierig bist, wie denn Studenten so feiern, solltest du bei folgenden studentischen Dauerbrennern am Dortmunder Partyhimmel vorbeischauen:

Einmal pro Semester findet die legendäre **Sportlerparty** der Fachschaft Sport der TU Dortmund statt, die schon mal locker das ganze FZW füllt. Gespielt wird einfach gute Musik zum Abzappeln und Mitsingen. Natürlich haben die Getränke studentenfreundliche Preise. Ein Pflichtbesuch!

Über das Semester verteilt finden aber auch Feten diverser anderer Fachschaften statt. Nicht ganz klischeefrei wird es bei den Geisteswissenschaftlern meistens alternativ-rockig, bei den BWLern eher cool und laut und bei den Medienwissenschaftlern hip und angesagt. Getanzt und fleißig getrunken wird aber definitiv überall! Empfehlenswert und immer gut besucht sind z. B. die **WISO-Party** der Wirtschafts- und Sozialwissenschaftler und die **PlanerParty** der Fachschaft Raumplanung.

Nächtlicher Heißhunger

Baguetterie Pizzeria di Angelo (Brückstr. 27-29): Welcher Dortmunder kennt di Angelo nicht? Wenn nachts der Magen noch hungrig knurrt, ist Angelo die Rettung schlechthin. Hier gibt es knusprige, üppig befüllte Baguettes zu kleinem Preis. Besonders beliebt ist natürlich das BVB-Baguette.

Fast direkt neben di Angelo befindet sich mit **Ägyptische Sandwiches** (Brückstr. 33) ein weiterer Hotspot in Sachen nächtlicher Heißhunger. Die gerollten Sandwiches werden orientalisch mit Humus, Falafel oder pikantem Rindfleisch belegt. Dazu kommt eine sehr leckere, leicht pikante Erdnuss-Sesam-Soße, die das nächtliche Gaumenvergnügen zu einem echten Erlebnis macht.

Ali Baba (Brückstr. 60): Ebenfalls nur ein paar Meter weiter findest du die einzige Dönerbude, die auch am Wochenende nachts um 3 noch auf hat. Mit scharfer Soße, Knoblauchjoghurt oder Rotkohl: Der hungrige Magen wird es dir danken.

Der **Kartoffel-Lord** (Gerberstr. 1) ist die Adresse für vegetarische und vegane Nachtschwärmer. Seine leckeren Backkartoffeln z. B. kannst du mit verschiedenen Zutaten füllen lassen und in Soße tunken. Spätestens beim letzten Bissen überlegst du dir, ob du nicht lieber noch eine Kartoffel bestellst. Denn die gelben Knollen machen – besonders in der Nacht – süchtig.

Der Weg nach Hause

Du hast dich auf der Tanzfläche verausgabt, deinen Mitternachtssnack verspeist und willst einfach schleunigst in dein Bettchen? Nicht jeder hat das Glück, club- oder innenstadtnah zu wohnen und nur noch ein paar Meter bis nach Hause torkeln zu müssen. Und das mit dem Radfahren ist auch nicht bei jedem Wetter, Alkoholpegel und jeder Entfernung zu empfehlen.

Wenn du z. B. in Brackel, Asseln, Wickede oder Aplerbeck wohnst, bist du wirklich auf Bus und Bahn angewiesen. Wie gut, dass du von den Partymeilen in der Innenstadt innerhalb weniger Minuten locker an der nächsten Haltestelle bist.

Am besten orientierst du dich – auch in möglicherweise leicht angetrunkenem Zustand – immer an der **Reinoldikirche**. Denn die Haltestelle Reinoldikirche ist der Knotenpunkt aller 13 innerstädtisch verkehrenden **NachtExpresse (NE)**, die nach Betriebsschluss im Schienennetz ab etwa 0.00 Uhr zum Einsatz kommen, um dich sicher nach Hause zu bringen.

Unter der Woche fahren die NachtExpresse je nach Linie ein- oder zweimal zwischen 0.15 und 1.45 Uhr an der Reinoldikirche ab. Wochentags sind aber auch ab kurz nach 3.00 Uhr schon wieder die ersten Straßen- und U-Bahnen unterwegs. Am Wochenende verkehren die NachtExpresse wesentlich länger, samstags je nach Linie stündlich (der beliebteste NE3 sogar halbstündlich) bis 4.15 oder

5.15 Uhr und sonntags sogar bis 6.15 oder 7.15 Uhr. Das liegt aber auch daran, dass die Straßen- und Stadtbahnen am Wochenende ihren Betrieb erst ein ganzes Stück später wieder aufnehmen, samstags gegen 4.30 Uhr und sonntags erst um 7.00 Uhr. Wann genau deine Linie an der Reinoldikirche abfährt, kannst du hier nachschauen: www.bus-und-bahn.de --> Fahrpläne

--> NachtExpress

Für eine Busfahrt mit dem NachtExpress zahlst du 2,60 Euro. Oder du fragst an der Haltestelle, ob dich jemand auf seinem Ticket mitnehmen kann. Meist finden sich Studenten, die am Wochenende eine Person kostenlos mit ihrem Semesterticket mitfahren lassen dürfen. Achtung: In den Nachtbussen gelten keine kurzstrecken-Tickets!

Falls du von der Bushaltestelle nachts noch weiter laufen musst, lohnt es sich, hier am Vortag ein Rad zu deponieren, mit dem du dann heimfahren kannst. Alternativ kannst du dir für die letzten Meter in die Pampa auch vom Bus aus ein Taxi direkt an die Haltestelle, an der du aussteigst, rufen lassen. Dazu musst du der Fahrerin oder dem Fahrer einfach beim Einsteigen Bescheid geben.

Wenn du keine Lust hast, dir Linienpläne zu merken, an der Haltestelle zu warten und dicht gedrängt mit Vorstadtkids im Bus zu sitzen, steigst du am besten gleich bequem aufs Taxi um. An der Reinoldikirche und am Hauptbahnhof gibt es jeweils einen großen Taxistand. Und auch in der Nähe der größeren Clubs etwas außerhalb stehen meist ein paar Taxis abfahrbereit parat. Sollte gerade allerdings keins in Sicht sein, rufst du einfach **Taxi Dortmund** unter der Nummer 0231-144444 an.

www.taxi-dortmund.de

Tipp: Handle vorher mit dem Fahrer einen Festpreis aus, der für dich angemessen erscheint. Für eine Gruppe ab fünf Personen musst du am Telefon natürlich vormerken, dass ihr ein Großraumtaxi benötigt.

Kirche

Kirche

Kirche

aus

geschlossen

aus

brunchen

Kühlschrank leer

Kühlschrank leer

brunchen

Sonntage
Sonntage
Sonntage

lossen.
Kühlschrank leer
chtaKirche
hbrunchen
brunchen
eschlossen geschlossen
Kühlschrank leer Kühlschrank leer
ühlschr Kirche
Kühlschrank leer

Füße hoch, es ist Sonntag! Genüsslich im Bett umdrehen und einfach mal ausschlafen, auf der Couch rumlungern und in den Tag hineinträumen oder doch lieber im Grünen spazieren gehen ... Hach, Sonntage müsste es viel öfter geben. Weil das aber nicht so ist, solltest du den letzten Tag der Woche in vollen Zügen genießen und Kraft für die neue Woche tanken.

Zugegeben, einen kleinen Nachteil hat der Sonntag ja schon: Fast alle Geschäfte sind geschlossen. Was also tun, wenn der Kühlschrank nichts Essbares mehr hergibt oder das Klopapier plötzlich alle ist? Erstens: Ruhe bewahren. Zweitens: Tieeeef durchatmen. Und drittens: Den nun folgenden Plan für einen Notfalleinkauf in Dortmund lesen.

Notfalleinkauf!

Man muss schon sehr genau suchen, um Möglichkeiten zu finden, auch an einem Sonntag in Dortmund einzukaufen. Aber an einigen Ecken findest du tatsächlich Retter in deiner sonntäglichen Not:

Wenn du eine **Bude** in deiner Nachbarschaft hast, bist du auf der sicheren Seite. Das Ruhrgebiet und insbesondere Dortmund ist bekannt für seine Trinkhallen-Kultur. Dienten diese Buden früher einzig zum Ausschank von Wasser, kann man dort heute fast alles bekommen – quasi ein Kiosk deluxe! Wo genau du die nächste Bude findest, verrät dir die Homepage des ersten Dortmunder Kioskclubs mit interaktiver Kiosk-Karte: www.kcmo.de --> kiosk map

Bude? Noch nie gehört? Dann solltest du schleunigst einen Blick ins Kapitel „Sprachregeln" werfen --> S. 256

Eine feste Größe für spontane Sonntagseinkäufe sind auch die Geschäfte im Hauptbahnhof. Bei **Rossmann Express** (8.00 Uhr bis 22.00 Uhr) und **REWE to go** (6.00 Uhr bis 24.00 Uhr) findest du neben dem lebensnotwendigen Klopapier auch alles, um deinen hungrigen Kühlschrank wieder zu füttern. Aber Achtung, wie an Bahnhöfen üblich, fallen die Preise hier teilweise etwas höher aus als gewöhnlich.

Ein anderer Klassiker ist der Besuch bei der **Tanke um die Ecke**. Die meisten Tankstellen in Dortmund sind inzwischen mit einem kleinen Lebensmittelsortiment ausgestattet, das schon so manchen Sonntag gerettet hat. Du findest hier Backwaren, Konserven, Getränke, die obligatorische Tiefkühlpizza und Kleinigkeiten zum Futtern auf der Couch.

Sonntag ist Brunchtag!

Die kulinarische Verbindung von „Breakfast" und „Lunch" ist wie gemacht für den perfekten Start in einen entspannten Sonntag. Sich nach Herzenslust immer wieder an der großen Auswahl an verschiedensten süßen und deftigen, kalten und warmen Speisen bedienen, das macht einen tollen Brunch aus und fühlt sich immer ein bisschen nach Luxus an. Besonders lecker und ausgiebig brunchst du in Dortmund an folgenden Orten:

Mitten im Westfalenpark kannst du es dir im **Schürmanns im Park** (An der Buschmühle 100, 10.00-14.00 Uhr) gut gehen lassen. Für 23,90 Euro erwarten dich im modern eingerichteten Gastraum nicht nur Frühstücksklassiker wie Aufschnitt, Obst, Müsli, Marmelade

Dortmund endlich

Dortmund endlich

endlich

endlich

und Co., sondern auch ein umfangreiches Brunch-Angebot mit vielen kalten und warmen Speisen wie Gemüseauflauf, Lasagne, Fischplatten, verschiedene Salate oder Nürnberger Rostbratwürstchen. Außerdem sind Kaffee, Tee, Orangensaft und sogar ein Gläschen Sekt inklusive. www.schuermanns-im-park.de

Wie bei allen Lokalen, die im Westfalenpark liegen, musst du noch zusätzlich den Parkeintritt von 3 Euro einplanen. (Ab 18.00 Uhr kostet es übrigens nur noch 1,50 Euro)

Der feine Sonntagsbrunch in **Dieckmann's Restaurant** (Wittbräuckerstr. 980, 11.00-14.30 Uhr) ist einer der besten in ganz Dortmund. Wenn du dir mal so richtig was gönnen willst, kannst du dir hier mit kross gebratenem Speck, Rührei, Antipasti, Braten, Pasta, Desserts, Schinken- und Käseplatten, hausgebeiztem Lachs und vielem, vielem mehr den Bauch vollschlagen. Ein wahres Brunch-Eldorado! Toll: Auch hier sind Kaffee und Saft im Preis von 20,90 Euro enthalten.
www.restaurant.dieckmanns.de

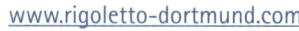

Der Brunch im **Rigoletto** (Kleppingstr. 9-11, 9.00-14.30 Uhr) begeistert für 22,90 Euro mit seinem aufwändig dekorierten Buffet, das definitiv einen mediterranen Einschlag hat. So peppen z. B. kleine Antipasti-Happen und Bruschettas das ohnehin üppige Angebot auf. Ab 11.00 Uhr wird dann richtig aufgetischt und es gesellen sich noch drei warme Gerichte, kalte Vorspeisen sowie Desserts zur übrigen Auswahl. Kaffee und Säfte sind auch hier im Preis enthalten. Eine Reservierung zahlt sich in jedem Fall aus.
www.rigoletto-dortmund.com

Ein wenig versteckt im Propsteihof mitten in der Dortmunder Innenstadt liegt das kleine **Linus** (Propsteihof 9, 10.00-14.30 Uhr). Nicht nur der Holzboden und das helle, freundliche Ambiente

machen etwas her, auch der Brunch für 21,90 Euro kann sich sehen lassen. Denn neben genügend Abwechslung legt man hier auch besonders viel Wert auf frische Zutaten. Insbesondere die knusprigen Backwaren wie Körnersemmeln oder Quarkbrötchen schmecken mit den fruchtigen Marmeladen einfach himmlisch. Kaffee, Tee und ein Glas Orangensaft sind im Preis mit dabei. www.linus-dortmund.de

Du hast richtig Hunger? Dann solltest du den Brunch im **Ringhotel Drees** (Hohe Str. 107, 11.45 -14.00 Uhr) besuchen. Lass dich nicht vom Hotelcharakter der Location abschrecken! Für 21 Euro inklusive Kaffee kannst du hier schlemmen, bis du nach Hause rollst. Buffet-Highlights sind auf jeden Fall die große Suppenauswahl und die vielen verschiedenen Süßspeisen. Außerdem ist der Service sehr flink und füllt das Buffet im Nu wieder auf. Kinder unter sechs Jahren essen kostenlos mit und von sechs bis zwölf wird pro Lebensjahr 1 Euro berechnet. www.riepe.com --> Dortmund

Im **ALEX Dortmund** (Ostenhellweg 18-21, 9.00 -14.30 Uhr) ist das Brunchen für 12,50 Euro vergleichsweise preiswert. Dennoch geht die Auswahl an Speisen mit Salaten, kleinen Bratwürstchen oder wechselnden warmen Gerichten über die üblichen Standards wie Ei, Käse, Wurst und Süßes hinaus. Aber Achtung: Anders als bei den übrigen Brunch-Angeboten gibt es hier auch keine Kaffee- oder Saft-Flatrate, sondern du zahlst alle Getränke extra. www.dein-alex.de --> auswählen --> ALEX Dortmund

Dortmund   Dortmund   endlich

endlich   endlich

Brunchen auf einer Bowlingbahn? Ja, das geht in Dortmund im **Bowltreff** (Malinckrodtstr. 212, 9.00-13.00 Uhr). Für nur 10 Euro pro Person wird dort ein amerikanisch angehauchtes Frühstücksbuffet mit kalten und warmen Speisen wie Wurst- und Käseplatte, Chicken Nuggets oder Salaten serviert. Kaffee, Tee und diverse Säfte sind inklusive. Danach kannst du den Sonntag noch ganz entspannt bei einer Partie Bowling ausklingen lassen. Reservierung erforderlich! www.bowltreff.de

Für Puristen: Das besondere Frühstück

Wenn dir ein ausufernder Brunch zu viel des Guten ist, kannst du den Sonntag natürlich auch ganz klassisch mit einem Frühstück beginnen. Besonders gut geht das zum Beispiel hier:

Der Name **Schönes Leben** (Liebigstr. 23, 10.30-14.00 Uhr) passt wie die Faust aufs Auge: Denn genau so fühlt sich der Sonntagmorgen hier an. Für 14,90 Euro inklusive Kaffee, Tee und Säften sowie Rührei und Speck kannst du dir am opulenten Frühstücksbuffet den Teller mit kalten Leckereien vollladen. Unbedingt probieren solltest du die außergewöhnlichen, selbstgemachten Marmeladen und herzhaften Aufstriche sowie den frischen Honig vom Imker. www.schoenes-leben-dortmund.de

> Du willst gar nicht raus aus dem gemütlichen Bett? Dann lass dir vom **Brötchen Express** (Steinfurtweg 2) dein Frühstück direkt an die Haustür bringen: Ob einfaches Brötchen oder Salzkuchen, Tee, Brotaufstriche, süße Teilchen oder gleich das volle Verwöhnfrühstück für zwei ... hier bleiben keine Wünsche offen! Brötchen-Hotline: 0231-61812067 oder: www.derbroetchenexpress.de

Buffet ist nichts für dich? Ganz gemütlich kannst du im **Lokales im Kreuzviertel** frühstücken (Essener Str. 24, Ecke Lindemannstr., ab 10.00 Uhr). Ob Rührei für unter 4 Euro, Müsli mit Obst oder

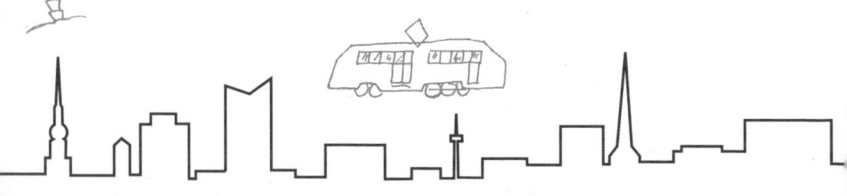

Frühstück für zwei mit Sekt und großer Auswahl für 12,90 Euro: Hier ist für jeden Hunger und jeden Geldbeutel etwas dabei.

Such dir aus der Karte einfach das aus, worauf du Lust hast. Nicht mehr, nicht weniger. Und immer wieder aufstehen und zum Buffet laufen oder dort sogar anstehen zu müssen, sparst du dir auch. www.lokales-im-kreuzviertel.de

Am Sonntag in die Kirche

Der sonntägliche Kirchenbesuch gehört für manche einfach dazu – sei es mit traditionellen Orgelklängen oder mit E-Gitarre und Schlagzeug. In Dortmund leben bunt gemischt Anhänger der verschiedensten Religionen und Überzeugungen. Darum ist natürlich nicht in jedem Fall der Sonntag der prädestinierte Tag, um gemeinsam seinen Glauben zu feiern. Den kürzesten Weg zum Gotteshaus deiner Wahl findest du hier: www.dortmund.de --> Leben in Dortmund --> Familie und Soziales --> Kirche & Religion

Die berühmteste Kirche in Dortmund ist zweifelsohne die **Reinoldikirche** direkt am Hellweg mitten in der Innenstadt. Obwohl die Kirche eines der bekanntesten Wahrzeichen Dortmunds ist, herrscht während der Gottesdienste eine überraschend familiäre Atmosphäre. Außerdem punktet die Reinoldikirche mit einigermaßen langschläferfreundlichen Gottesdienstzeiten: Der Sonntagsgottesdienst geht hier erst um 11.30 Uhr los. www.sanktreinoldi.de

Die wohl älteste Kirche Dortmunds ist die Kirche **St. Peter zu Syburg** (Syburger Kirchstr. 14). Sie existierte bereits im 8. Jahrhundert und liegt idyllisch bei der Ruine der Hohensyburg. Bei einem Streifzug über den zugehörigen alten Friedhof stößt du sogar noch auf Grabmäler aus dem 9. Jahrhundert. Am ersten, dritten und fünften Sonntag im Monat findet der Gottesdienst in diesen historischen Gemäuern perfekt für Frühaufsteher schon um 9.00 Uhr statt,

am zweiten und vierten Sonntag darf etwas länger ausgeschlafen werden und es geht um 11.00 Uhr los.
www.ev-kirche-syburg-hoechsten.de

Sonntagsspaziergang

Ein ausgedehnter Sonntagsspaziergang ist schon was Feines. Endlich kannst du dir mal Zeit nehmen, die Gegend zu erkunden und neue Dinge zu entdecken. Manche lassen sich am liebsten in der ungewohnt ruhigen Stadt treiben, wo du ganz ohne Alltagsstress und Rummel in Seelenruhe an den Schaufenstern vorbeistreifen kannst.

Andere zieht es raus ins Grüne, in den Wald, aufs Wasser oder auf die Wiesen. Auch davon hat die von so vielen verpönte „graue Stadt" Dortmund jede Menge zu bieten. Kaum zu glauben, wie idyllisch es hier manchmal zugehen kann.

Der **Phoenix-See** (Hafenpromenade) ist eine noch relativ junge Dortmunder Errungenschaft. Aus dem ehemaligen Stahlwerksgelände ist mittlerweile ein sehr beliebtes Ausflugsziel geworden. Viele nette, kleine Cafés und Restaurants laden zum Verweilen und

zum Flanieren rund um den See ein. Am Schürener Ufer lohnt sich besonders ein Aufstieg auf den kleinen Aussichtspunkt direkt am See. Von dort oben hast du einen wunderschönen Ausblick über den kompletten Phoenix-See. Bei Sonnenuntergang ist das sogar richtig romantisch.
www.phoenixseedortmund.de

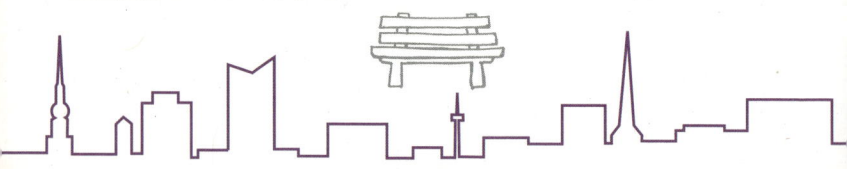

Im **Westfalenpark** (An der Buschmühle 3) kannst du dich in aller Ruhe treiben lassen. Der größte Dortmunder Park bietet das ganze Jahr über tolle Events, beispielsweise das Winterleuchten, ein Open-Air-Kino oder das Lichterfest. Aber auch ganz ohne Veranstaltung lohnt sich ein Besuch. Du kannst im Rosarium die verschiedensten

Rosenarten bestaunen, das Naturschutzhaus oder das mondo mio! Kindermuseum besuchen, auf dem Buschmühlenteich Bootfahren oder mit der Seilbahn einmal über den Park schweben.

Obligatorisch ist auf jeden Fall ein Abstecher auf den Florianturm, um den perfekten Überblick über ganz Dortmund zu genießen. Einzelpersonen zahlen bis 18.00 Uhr 3 Euro Parkeintritt, danach nur noch 1,50 Euro. www.westfalenpark.dortmund.de

Eine ehemalige Mülldeponie als Empfehlung für einen Sonntagsspaziergang?! Ja, du liest richtig. Der **Deusenberg** (Lindberghstr.) oder die Halde Deusen ist seit 2004 ein beliebtes Ziel, um sich die Beine zu vertreten. Bei guten Sichtverhältnissen kannst du vom 112 Meter hohen Berg bis weit über die Stadtgrenzen Dortmunds hinaus gucken. Insbesondere in der Abenddämmerung ist das immer wieder ein toller Anblick! Spannend ist es auch, den vielen Mountainbikern bei ihren waghalsigen Stunts zuzugucken.
www.huckarde.dortmund.de --> Hansa Revier Huckarde (HRH)
                        --> Partner --> Deusenberg

Der 65 ha große **Botanische Garten Rombergpark** (Am Rombergpark) bietet dir nicht nur jede Menge idyllisches Grün und viele Pfade zum Schlendern und Spazieren, sondern auch einige besondere

Pflanzen aus aller Herren Länder. So kannst du etwa in den gläsernen Pflanzenschauhäusern auf einer Fläche von 1000 m² exotische und tropische Gewächse entdecken und bestaunen. Der verwinkelte Park ist besonders bei Familien beliebt, da man hier im Frühjahr und Sommer oft Eichhörnchen und Meisen mit der Hand füttern kann. rombergpark.dortmund.de

Südlich des Rombergparks beginnt der **Dortmunder Zoo** (Mergelteichstr. 80). Der hat sich in den letzten Jahren gemausert. Aus dem ehemaligen kleinen Tierpark ist ein beachtlicher Zoo mit über 1500 Tieren und 230 Arten geworden. Und er zählt darum nicht umsonst zu den beliebtesten Ausflugszielen Dortmunds bei Groß und Klein. Selbst bei schlechtem Wetter lohnt ein Besuch, da es viele über-

dachte Tierhäuser gibt. Die Stars des Zoos sind eindeutig die großen Ameisenbären und die unterhaltsamen Sumatra-Orang-Utans. Aber auch Zoo-Klassiker wie Giraffen, Kängurus, Robben oder Zebras fehlen natürlich nicht. zoo.dortmund.de

Der **Süggelwald** (Süggelweg) ist ein Märchenwald, wie er im Buche steht: verwunschene Tümpel mit quakenden Fröschen, scheue Rehe, seltene Pflanzen oder riesige Steinpilze. Ein kleiner Spaziergang im Naturschutzgebiet Süggelwald lohnt sich nicht nur deshalb, sondern auch wegen der tollen Schattenspiele der Bäume. Ein absoluter Lieblingsort, um an einem Sonntag einfach nur abzuschalten und zu entspannen. familie.dortmund.de

--> Ausflugsziele
    --> Süggelwald

Rund um die **Ruine Hohensyburg** (Hohensyburgstr. 200) laden stets satte grüne Wiesen zum Verweilen ein. Also bitte nicht vergessen, den Picknickkorb einzupacken! Nach einer kleinen Stärkung kannst du die idyllischen Ruhrsteilhänge in der Umgebung erkunden, die mit Wald, Wasser und Gestein nicht nur reichlich tolle Fotomotive her-

geben, sondern auch noch ein Naturschutzgebiet sind. Natur pur und das in der Bergbaumetropole Dortmund! War dir die Ruine noch nicht geschichtsträchtig genug, kannst du entlang des Syburger Bergbauwegs Relikte aus der Ursprungszeit des Bergbaus bestaunen.

Ausflüge um die Ecke

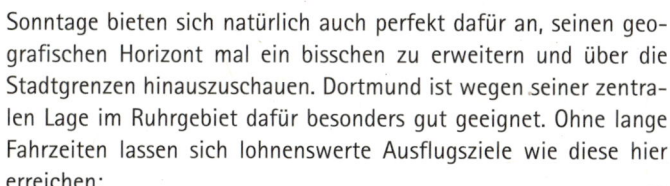

Sonntage bieten sich natürlich auch perfekt dafür an, seinen geografischen Horizont mal ein bisschen zu erweitern und über die Stadtgrenzen hinauszuschauen. Dortmund ist wegen seiner zentralen Lage im Ruhrgebiet dafür besonders gut geeignet. Ohne lange Fahrzeiten lassen sich lohnenswerte Ausflugsziele wie diese hier erreichen:

Seepark Lünen (Preußenstr., 44532 Lünen, ca. 15 km von Dortmund entfernt): Am Datteln-Hamm-Kanal gelegen und mit dem 9 ha großen Horstmarer See als Highlight bietet sich der Seepark Lünen super als sommerliches Ausflugsziel an. Hier kannst du im See plantschen, dich am Strand sonnen und das bunte Treiben genießen. Falls du keine Wasserratte bist, lässt sich der Park, der auf dem Gelände der ehemaligen Zeche Preußen entstanden ist, auch wunderbar zu Fuß erkunden. www.luenen.de --> Tourismus
--> Ausflugsziele und Sehenswertes
--> Seepark

Dortmund Dortmund endlich
endlich endlich

Botanischer Garten Bochum (Universitätsstr. 150, 44801 Bochum, ca. 25 km von Dortmund): Ein echter Geheimtipp ist der Botanische Garten Bochum direkt hinter der Bochumer Ruhr-Universität. Kaum einer würde vermuten, dass sich hinter den grauen Fakultätsklötzen ein kleines, grünes Eldorado verbirgt. Neben seltenen Pflanzen und exotischen Vögeln, findest du hier auch ganz viel Ruhe. Je nach Jahreszeit und Bereich des Gartens variieren die Öffnungszeiten. Alle Infos findest du hier: www.boga.ruhr-uni-bochum.de

Dechenhöhle in Iserlohn (Dechenhöhle 5, 58644 Iserlohn, ca. 35 km von Dortmund entfernt): Ab mit dir unter die Erde! Keine Sorge, das klingt schlimmer als es ist, denn die Dechenhöhle ist eine wahre Augenweide. Ihre meterhohen Tropfsteine sind ganz schön imposant. Daher gehört sie auch zu den meistbesuchten Tropfsteinhöhlen Deutschlands. Besonders atmosphärisch: die regelmäßig stattfindenden Höhlen-Konzerte! Konzerttermine und weitere Infos findest du hier: www.dechenhoehle.de

Hattingen (ca. 35 km von Dortmund entfernt): Die kleine Altstadt von Hattingen kommt ein bisschen wie aus dem Bilderbuch daher. Niedliche Fachwerkhäuser, die St.-Georgs-Kirche mit ihrem schiefen Turm, kleine Cafés und verzierte Fassaden so weit das Auge reicht. Auf den Spuren der mittelalterlichen Geschichte Hattingens durch die kleinen Gässchen zu spazieren, macht richtig Spaß. In der Vorweihnachtszeit lohnt sich auch ein Besuch auf dem Nostalgischen Weihnachtsmarkt, der die Hattinger Altstadt in ein festliches Licht taucht. www.hattingen.de

Die Haard (Haardstr., 45739 Oer-Erkenschwick, ca. 35 km von Dortmund entfernt): Die 5.500 ha große, grüne Hügellandschaft aus Sandstein ist Teil des Naturparks Hohe Mark-Westmünsterland und eine der größten geschlossenen Waldgebiete in ganz NRW. Die Haard ist als grüne Oase ein beliebtes Naherholungsgebiet und bietet mit kilometerlangen Wegen ein vielfältiges Angebot für Wanderlustige, Jogger, Reiter oder Radfahrer. Gleich von drei Aussichtstürmen, die im Waldgebiet verteilt stehen, kannst du den atemberaubenden Blick über das hügelige Terrain genießen.
www.hohemark-westmuensterland.de

Burgruine Altendorf (Burgstr. 2, 45289 Essen, ca. 40 km von Dortmund entfernt): Mittelalterliches Ritterfeeling kommt auf der historischen Burgruine Altendorf in Essen auf. Die Anlage aus dem 12. Jahrhundert besteht aus einer Vorburg und einer Hauptburg mit gut erhaltenen Ringmauern. Du kannst der Ruine aber nicht nur verträumte Blicke zuwerfen, von Mitte April bis Mitte Oktober lässt sich die Burg sogar besichtigen und deren Aussichtsplattform im Burgturm erklimmen, in der Regel samstags und sonntags von 15.00 Uhr bis 17.00 Uhr. Möglich machen das die Mitglieder des örtlichen Heimat- und Burgvereins. www.hbv-burgaltendorf.de

Kaffee & Kuchen

Was wäre ein Sonntag ohne Kaffee und Kuchen? Ganz genau: Ein verlorener Sonntag! Deshalb findest du auf den folgenden Seiten einige ausgewählte Cafés, in denen du gemütlich Kaffee trinken und dazu ein besonders leckeres Stück Kuchen vernaschen kannst.

In besonders szenigem Ambiente verspeist du im **Kieztörtchen** (Essener Str. 12) deinen Sonntagskuchen. Mitten im Kreuzviertel verwöhnt das junge Café seine Besucher mit extrem köstlichen, hausgemachten Kuchen, Törtchen und anderen feinen Backwaren.

Darunter sind oft auch ausgefallenere Kuchenkreationen wie z. B. Beeren-Blondies oder Karibik-Torte, die man unbedingt probieren sollte. www.kieztoertchen.de

Betont gemütlich geht es dagegen im **Café Asemann** (Liebigstr. 24) zu. Hier kannst du dir üppige Sahnetorten und andere selbstgebackene Kuchen und Teilchen schmecken lassen. Dazu solltest du unbedingt mindestens eine Tasse des hervorragenden Kaffees genießen. Diese Gaumenfreuden ziehen ein bunt gemischtes Publikum in das kleine, beliebte Kreuzviertel-Café.

Das **Café Kleimann** (Petrikirchhof 8) ist als klassische Konditorei eine echte Dortmunder Institution und die perfekte Adresse, wenn dir nach einem Sonntags-Kaffeeklatsch wie bei Oma ist – mit üppigen (sehr leckeren) Sahnetorten aus eigener Herstellung und dem obligatorischen Kännchen Kaffee. Womit du jetzt nicht gerechnet hättest: Mitten im Gastraum steht eine Voliere. Hier wohnt der Papagei Acki, der sich gerne auf ein Gespräch mit den Gästen einlässt! www.cafe-kleimann.de

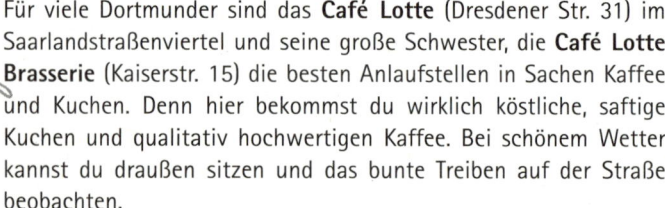

Für viele Dortmunder sind das **Café Lotte** (Dresdener Str. 31) im Saarlandstraßenviertel und seine große Schwester, die **Café Lotte Brasserie** (Kaiserstr. 15) die besten Anlaufstellen in Sachen Kaffee und Kuchen. Denn hier bekommst du wirklich köstliche, saftige Kuchen und qualitativ hochwertigen Kaffee. Bei schönem Wetter kannst du draußen sitzen und das bunte Treiben auf der Straße beobachten.

Den hundertprozentig ethisch korrekten Sonntagskuchen bekommst du im **BeWitched Café** (Bissenkamp 11-13). Hier bieten

die Inhaber, das Mutter-Tochter-Duo Lerche, selbstgebackene vegane Kuchen, Torten, Cupkakes und Getränke an. Und die können sich sehen lassen! Weiße Nougat-Crisp-Torte, Banana-Split-Cupcakes und Yofu-Erdbeercreme-Torte lassen einem schon bei der Vorstellung das Wasser im Mund zusammenlaufen. www.facebook.com

--> Bewitched café

Tatort-Gucken

Sonntag 20.15 Uhr, Deutschland: Eine Nation fiebert vor dem Fernseher mit. Da Dortmund seit 2012 auch endlich ein Tatort ist, gibt es noch einen Grund mehr, sich hier sonntags gemeinsam die neuesten Folgen anzuschauen und mitzurätseln, wer der Mörder ist.

Besonders gut geht das in der charmanten Nordstadt-Bar **Salon Fink** (Nordmarkt 8). Bei einem kühlen Pils und in geselliger Runde kannst du hier jeden Sonntag den Kommissar in dir rauslassen und mit anderen Tatortbegeisterten auf Spurensuche gehen. Da der Platz begrenzt ist, empfiehlt sich eine Reservierung, um auch sicher einen Stuhl vor der Mattscheibe zu ergattern. www.salon-fink.de

Wenn mal wieder ein Dortmunder Tatort läuft, ist auch in der **Pauluskirche** (Schützenstr. 35) Rudelgucken angesagt. In der außergewöhnlichen Location kannst du die neueste Folge aus der Ruhrpott-Metropole gebannt auf einer 4 m breiten Leinwand mitverfolgen. Auf der Kirchenempore wird währenddessen für das leibliche Wohl gesorgt: Würstchen, Suppe und (anti-)alkoholische Getränke stärken dich selbst für den härtesten Fall. Der Eintritt ist frei. Termine und weitere Infos gibt's auf: www.pauluskircheundkultur.net

weitere fiktive Geschichten rund um Dortmund findest du im Kapitel „Fiktiv" ab S. 246.

Dortmund endlich Dortmund endlich endlich endlich

Eltern

Sightseeing
Touris

Touris

Touris

Sights

aufräumen

Sights

aufräumen

aufräumen

aufräumen

Sigl

Besuch
Besuch

Besuch?
Tourikram

Tourikram ...

Besuch
Tourikram ...

seing

htseeing

Eltern
en

Eltern

lich
ris

tseeing

sightseeing

endlich

... es klingelt! Und auf einmal ist er da: der Besuch! Bei dir! Und nicht nur, dass jetzt Kaffeekochen und Smalltalk angesagt sind, nein, dein Besuch ist auch noch anspruchsvoll und verlangt nach Unterhaltung, einer ganzen Stadtführung sogar! Vorbereitungszeit bleibt dir keine mehr, jetzt ist Improvisation gefragt. Wenn du dieses Talent noch nicht an dir entdeckt hast oder schlicht und einfach keine Lust hast, dir bei klugen Nachfragen die Blöße zu geben, ist dieses Kapitel genau das Richtige für dich.

Von notwendigen Vorbereitungen, über Tipps zu geführten Touren und einem selbstgemachten Stadtrundgang bis zu den obligatorischen Mitbringseln findest du hier alles, was dich aus der Bredouille rettet und dir garantiert einen Pluspunkt bei deinem Besuch einbringt. Aber auch, wenn du Dortmunds Tourikram einfach für dich selbst entdecken möchtest, bist du hier gut bedient.

Vorbereitungen

Nichts ist nerviger als ein Stadtrundgang in den falschen Klamotten. Also packe Regenschirm oder Sonnenhut, T-Shirt oder Wintermantel ein und nimm auch für deinen Besuch das Passende mit. Sonst steht ihr doch wieder nur stundenlang irgendwo unterm Dach, nur weil es ausnahmsweise mal ein bisschen regnet ...

Stadtplan gefällig? Den und viele andere nützliche Infos kannst du bei **DORTMUNDtourismus** (Max-von-der-Grün-Platz 5-6) montags bis freitags zwischen 10.00 und 18.00 Uhr direkt gegenüber vom Hauptbahnhof abgreifen. Im Zweifel hat dein Handy aber vermutlich auch eine interaktive und praktische Karte.

Und keine Sorge, ganz ohne lästiges Kartenlesen geht's auch: Die selbstgemachte Touri-Tour in diesem Kapitel funktioniert ganz ohne Stadtplan.

Touri-Tour selbstgemacht

So, du wagst es also selbst, die Rolle des Stadtführers zu überneh-
men?! Damit du nicht ganz auf dich allein gestellt bist, haben wir
für dich schon einmal eine kleine Route zusammengestellt, an die
du dich aber natürlich nicht akribisch halten musst.

Startpunkt ist die **Reinoldikirche** mitten in
der Innenstadt, die wohl bekannteste Kirche Dortmunds. Wenn ihr mit der U-Bahn
gekommen seid, geht ihr von der Station
„Reinoldikirche" aus genau auf die gegenüberliegende Seite der Kirche. Hier seid
ihr am zentralsten Punkt der Stadt, links
und rechts tummeln sich die Menschen-
massen auf dem **Westen-** und **Ostenhellweg** und wenn ihr euch umdreht,
könnt ihr schon einen Blick auf das Ziel
eurer Reise werfen: den Alten Markt mit
seinen vielen großen Schirmen.

Aber zurück zur Kirche: Zuvor schon mehrmals zerstört und wieder
aufgebaut, stammt die Reinoldikirche in ihrer heutigen Form aus
dem 13. Jahrhundert – der Turm aus dem 15. Jahrhundert – und
gehört somit zu den ältesten Wahrzeichen der Stadt.

Allerdings wurde die romanische Basilika direkt am Dortmunder
Hellweg – der Haupteinkaufsstraße der Innenstadt – im Zweiten
Weltkrieg nochmals bis auf ihre Grundmauern zerstört. In den
50ern hat man sie mit ihrem 112 Meter hohen und unübersehbaren
Turm wieder aufgebaut. Wobei sie, eingepfercht zwischen den
ebenfalls hohen Geschäftsgebäuden, inzwischen etwas an Impo-
sanz verloren hat.

Hintergrundwissen gefällig?
www.sanktreinoldi.de

Dortmund   Dortmund   endlich
    endlich   endlich

Bevor die Tour richtig losgeht, aber bitte nicht das Wichtigste vergessen: Eine kleine Stärkung vor dem Fußmarsch darf nicht fehlen! Typisch dortmunderisch startet ihr mit Currywurst-Pommes-Mayo vom **CurryFan** (Ostenhellweg 5, auf der Südseite der Reinoldikirche). Auf den ersten Blick eine Pommesbude wie jede andere, gehört sie aber dem echten Dortmunder Urgestein Norbert Dickel, Stadionsprecher und eingefleischter BVB-Fan. Für Vegetarier bleiben leider nur die Pommes. www.curryfan.de

Frisch gestärkt geht's einmal um die Kirche rum und dort auf der gegenüberliegenden Straßenseite über den Platz von Leeds in die Brückstraße. Hier beginnt das **Brückstraßenviertel** mit vielen kleinen Geschäften – ein angenehmes Gegengewicht zur Kettenübermacht am Hellweg. Nach zwei Minuten taucht auf der rechten Seite das **Konzerthaus Dortmund** (Brückstr. 21) auf.

Die Säulen vor dem komplett verglasten Foyer stützen den schräg ansteigenden Konzertsaal und machen den Bau auch optisch besonders. Von außen sieht's klasse aus, innen hört sich's klasse an. www.konzerthaus-dortmund.de

Vor dem Konzerthaus seht ihr dessen tierisches Wahrzeichen: ein **geflügeltes Nashorn**. Wenn jetzt die Frage nach dem „Warum" kommt, kannst du ganz selbstverständlich antworten: wegen seiner Bodenständigkeit, seinem guten Gehör und den musikalischen Höhenflügen. Die Nashörner stehen übrigens überall kreativ angemalt in der Stadt herum und sorgen so für ein bunteres Stadtbild.

Ihr folgt weiter der Brückstraße und biegt nach 100 Metern links in die Lütge Brückstraße ab. An deren Ende steht ihr dann auch schon direkt vor dem **Museum für Kunst- und Kulturgeschichte** (Hansastr. 3). Das im Jahr 1924 als Sparkasse erbaute Haus wurde Ende der 70er Jahre zum Museum umgebaut. Ein Abstecher ins Innere verrät euch, wie Dortmund im Mittelalter ausgesehen hat, welchen Einfluss die Industrialisierung hatte und noch viel mehr über die Dortmunder Stadtgeschichte. www.mkk.dortmund.de

Direkt neben dem Eingang des Museums geht ihr in die Museumsgasse – und schon sticht euch linkerhand der hohe **RWE-Tower** auf dem Platz von Amiens ins Auge. Nur ein kleines Stück weiter geradeaus steuert ihr auf die **Stadt- und Landesbibliothek** (Max-von-der-Grün-Platz 1-3) zu. Das riesige Gebäude beherbergt nicht nur jede Menge Bücher, hier finden auch regelmäßig Lesungen und Podiumsdiskussionen statt.

Wenn ihr zwischen den beiden Bibliotheksgebäuden durchgelaufen seid, findet ihr links die Touristeninformation **DORTMUNDtourismus** (Max-von-der-Grün-Platz 5-6) und direkt gegenüber, auf der anderen Straßenseite, ist der **Hauptbahnhof**. Der ist an sich jetzt kein optisches Highlight, aber ein Schulterblick lohnt sich: Die Ansicht der Stadt- und Landesbibliothek ist von hier nämlich deutlich schöner.

Dortmund

Dortmund

endlich

endlich

endlich

Vom Hauptbahnhof lauft ihr nun Richtung Westen den Königswall entlang. Hinter einer kleinen Linkskurve versteckt, thront Dortmunds heimliches Wahrzeichen: das 1926 erbaute **Dortmunder U**. Bis 1994 wurde das Gebäude als Produktionsstätte der Dortmunder Union-Brauerei genutzt. Von der Brauerei ist nur noch das goldene, sich drehende „U" auf dem Dach des Hauses übriggeblieben, innen befindet sich heute ein Kreativ- und Kulturzentrum. www.dortmunder-u.de

Ihr geht den Königswall noch ein kleines Stück weiter, biegt dann links in die Kampstraße ein und seht schon euer nächstes Ziel hinter den Häusern hervorblitzen:

den hochaufragenden Turm der **Sankt-Petri-Kirche**. Wenn ihr der Kampstraße noch 300 Meter folgt und auf der Höhe des legendären **Café Kleimann** (Petrikirchhof 8) rechts abbiegt, steht ihr direkt vor der gotischen Kirche. Sie wurde, genau wie die Reinoldikirche, im Zweiten Weltkrieg komplett zerstört. Erst Anfang der 80er Jahre war der vollständige Wiederaufbau geschafft, dafür aber stilecht gotisch. Da darf man schon mal den Fotoapparat zücken.

s. „Sonntage", S. 180

In der Petrikirche könnt ihr das „Goldene Wunder von Westfalen" bestaunen: einen imposanten, detailreich geschnitzten Flügelaltar aus dem Mittelalter.

Wenn ihr am spitzen Turm der Petrikirche vorbeilauft, findet ihr euch auf dem Westenhellweg wieder. Hier liegt auch die **Thier-Galerie** (Westenhellweg 102-106). Für Shoppingbegeisterte ist die Tour nun wohl zu Ende, denn das Einkaufszentrum, das unter Protesten auf dem Gelände der ehemaligen Thier-Brauerei erbaut wurde, lockt mit hunderten Geschäften. Wie mittlerweile in jeder Großstadt sind jedoch nur wenige überraschende Namen darunter.

Für alle anderen geht es in Richtung Osten (also vor dem großen Saturn-Klotz nach links wenden) weiter auf dem Westenhellweg – der meistfrequentierten Einkaufsstraße Deutschlands! Ihr nehmt die erste Möglichkeit rechts, die Kolpingstraße und dann gleich links die Schwarze-Brüder-Straße. Sie führt euch direkt zur **Propsteikirche**. Mitte des 15. Jahrhunderts vom Dominikanerorden erbaut, könnt ihr auf dem Tafelaltar im Inneren die älteste Abbildung der Stadt Dortmund bewundern.

Wenn ihr euch danach wieder auf die Schwarze-Brüder-Straße begebt und ein paar Meter weitergeht, erblickt ihr den **Hansaplatz**, auf dem der größte Wochenmarkt der Stadt stattfindet. Und zur Weihnachtszeit steht hier der größte Weihnachtsbaum der Welt. Der Name „Hansaplatz" soll auf Dortmunds Geschichte als Hansestadt aufmerksam machen.

--> mehr zum Weihnachtsmarkt: s. „Frostige Zeiten", S. 151
--> mehr zum Wochenmarkt auf dem Hansaplatz: s. „Hunger?", S. 75

Dortmund   Dortmund   endlich
endlich   endlich

Auf der westlichen Seite des Hansaplatzes verläuft die Hansastraße. Der folgt ihr nach rechts, also Richtung Süden, bis sich nach etwa 300 Metern zu eurer Rechten das gewölbte, grüne Kupferdach des Dortmunder **Opernhauses** (Platz der alten Synagoge) erhebt. Der Bau beherbergt das Opern- und Ballettensemble des Dortmunder Theaters.

Zu eurer Linken befindet sich der **Stadtgarten**. Eine parkähnliche Anlage mit lauschigen Sitzgelegenheiten und jeder Menge Ruhe? Fehlanzeige! Das übersichtliche Stück grüne Wiese mit einigen Bäumen bringt zwar Abwechslung ins Straßenbild, kann aber die Tatsache nicht ausblenden, dass man trotzdem mitten in der Stadt ist. Wer einen echten Park will, sollte den Westfalenpark besuchen.

Wenn ihr den Stadtgarten einmal komplett durchquert, links vorbei am Gauklerbrunnen und an der U-Bahn-Station „Stadtgarten", kommt ihr am **Friedensplatz** heraus, einem eher ruhigen Vertreter seiner Art. Links erhebt sich die rötliche Fassade des „großen Bierkastens" – so der inoffizielle Name für das Dortmunder Rathaus.

Gegenüber vom neuen Rathaus blickt ihr auf das **Alte Stadthaus** und die **Berswordt-Halle** mit spiegelnder Glasfassade. Auch heute ist das Alte Stadthaus ein Ort wichtiger Beschlüsse, allerdings der etwas privateren Art: Im Inneren befindet sich nämlich das Trauzimmer.

Die Berswordt-Halle nebenan ist nach einer der ältesten und bedeutendsten Familien Dortmunds benannt. Innen befinden sich verschiedene Bürgerdienste, ein Café und kleine Läden.

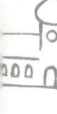

Wenn ihr euch vor dem Alten Stadthaus nach links wendet, könnt ihr in der Ferne schon den Zwiebelturm der **Reinoldikirche** erblicken. Und genau in diese Richtung lauft ihr jetzt weiter. Am Ende des Platzes kommt ihr in die Betenstraße. Ihr lauft weiter geradeaus, bis ihr einen Platz voller Schirme seht: den **Alten Markt**. Hier angekommen, läuten die Glocken der Reinoldikirche auch schon das Ende eurer Tour ein.

Eine anständige Mahlzeit oder auch nur ein kühles Bier habt ihr euch nach dem Fußmarsch redlich verdient! Sowohl das **Pfefferkorn** (Markt 6) auf der rechten Seite als auch der **Alte Markt** (Markt 3) laden mit Hausmannskost, westfälischen Spezialitäten und frischem Brinkhoffs- bzw. Thier-Bier zum Versacken ein. Füße hochlegen und Dortmund kulinarisch genießen!
no1.pfefferkorn-restaurants.de   www.altermarkt-dortmund.de

--> Alle Tische belegt? Mehr Restauranttipps gibt's in „Hunger?", ab S. 84 und „Durst?", ab S. 100

Dortmund   Dortmund   endlich
endlich   endlich

Etwas außerhalb, aber trotzdem sehenswert

Wenn du deinen Besuch länger als ein Wochenende beschäftigen willst (oder musst), ist es mit der Innenstadt allein natürlich nicht getan. In Dortmund gibt es noch jede Menge anderer Orte, die du besuchen kannst. Hier mal ein paar Vorschläge:

Dortmunder Hafen

Hafen?! Ja genau. Nur wenige wissen, dass Dortmund so etwas besitzt. Klar, kein Vergleich zum Hamburger Hafen, aber immerhin ist er der größte Kanalhafen Europas. Auch hier kannst du Containerschiffe beobachten oder im historischen, leuchtturmähnlichen Hafenamt in die Geschichte des Hafens abtauchen. Außerdem haben sich am Hafenbecken viele kleine Bars angesammelt, die gerade im Sommer mit Stranddeck und Cocktails locken.
www.dortmunder-hafen.de

Auf der gegenüberliegenden Seite des alten **Hafenamts** legt das Ausflugsschiff Santa Monika ab und nimmt dich mit auf kleine und große Rundfahrten durch den Hafen und die umliegenden Kanäle – oder auch mal richtig weit raus aus Dortmund.
www.santamonika.de

Phoenix-See

Mitten im Dortmunder Stadtteil Hörde befindet sich der Phoenix-See – genau dort, wo früher das Stahlwerk Phoenix-Ost das Stadt-

bild beherrschte. In einem einzigarten Bauprojekt ist hier ein künstlich angelegter See entstanden. 2010 wurde der See geflutet, seitdem kannst du am Seeufer fla-nieren, Segelboote beobach-ten und sogar mit Seeblick wohnen – jedenfalls, wenn du das nötige Kleingeld hast. www.phoenixsee.dortmund.de

Westfalenpark

Hat dich der Stadtgarten schon zufrieden gestellt, wird dich der Westfalenpark hellauf begeistern. Hier kannst du durch einen wirk-lich wunderschönen Park schlendern, dich auf eine der vielen grü-nen Wiesen legen und ein Buch lesen oder dir den Park mit Hilfe einer Seilbahn von oben angucken. Der Westfalenpark wird mit absoluter Sicherheit jedem gefallen, der ihn betritt.

Besonderes Highlight: der Florian(turm). Aus knapp 220 Metern Höhe hast du einen hervorragenden Blick über Dortmund! www.westfalenpark.dortmund.de

Zeche Zollern

Was wäre das Ruhrgebiet ohne seine Zechen? Natürlich kannst du deinem Besuch die Kohlevergangenheit des Reviers auch in Dort-mund näherbringen. Die Zeche Zollern ist nicht nur schön anzuse-hen, sondern bietet euch auch jede Menge Interessantes über die

Dortmunder Bergbauge-
schichte. Ende der 70er
Jahre stillgelegt, ist die
Zeche heute ein Museums-
standort des LWL-Indus-
triemuseums und Teil der
Route der Industriekultur,
die sich durch das gesam-
te Ruhrgebiet zieht.
www.zeche-zollern.de

Geführte Touren

Warum sollst eigentlich immer du allein für deinen Besuch den Kopf
hinhalten? Das haben sich auch andere Leute gedacht und deshalb
die geführten Stadttouren erfunden. Hier hat sich in den letzten
Jahren – Gott sei Dank! – viel getan und so müssen du und dein
Besuch nicht mehr stumpf zuhören, bis euch vor lauter Jahreszah-
len der Kopf raucht.

Die wohl größte Auswahl an geführten Touren gibt es beim offiziellen Dortmunder Tourismusanbieter **DORTMUNDtourismus**. Wandle
auf historischen Pfaden oder auf den Spuren der Borussia.
www.dortmund-tourismus.de

Lass dir Dortmund bei Tag und Nacht zeigen, erkunde den „Phoenix-See im Lichterglanz" oder tauche ein in Dortmunds mittelalter-
liche Vergangenheit – und zwar bei **Stadtführungen Dortmund**.
www.stadtfuehrung-dortmund.de

Vielleicht wollen deine Gäste Dortmund am liebsten kulinarisch
erfahren? Eine Segway-Tour machen? Oder sogar einen Skywalk
über das alte Industriegelände Phoenix-West? Dann schaut euch
mal bei **Stadtkernobst** um. www.stadtkernobst.de

Das obligatorische Mitbringsel

Natürlich sollen die Lieben zu Hause nicht leer ausgehen. Andenken für deinen Besuch und Mitbringsel für Daheimgebliebene findest du am besten in der Innenstadt:

Ruhrgepäck (Kleppingstr. 37, in der Berswordt-Halle): Vom Dortmund-Bierglas über den Thermobecher mit Dortmund-Druck bis zum Grubensalz – das ist auf jeden Fall die richtige Adresse für Geschenke! www.ruhrgepaeck.de

BVB-Fanshop Krone (Markt 10, schräg gegenüber vom Pfefferkorn): Die Frage ist hier eher, was es nicht gibt: Neben Fußballausrüstung findest du jeglichen Schnickschnack rund um den BVB, ob einen Toaster, der das Vereinsemblem auf Toasts zaubert oder ein schwarz-gelbes Duschgel.

DORTMUNDtourismus (Max-von-der-Grün-Platz 5-6): In der Touri-Zentrale findest du Schlüsselanhänger, T-Shirts, Tragetaschen und alles, was das Touri-Herz sonst noch höherschlagen lässt. Für ganz Bequeme gibt's auch einen Onlineshop:
www.dortmund-tourismus.de --> Online-Shop

In der **Mayerschen Buchhandlung** (Westenhellweg 37-41) findest du eher kleinere Geschenke, wie Kühlschrankmagnete oder Postkarten mit Dortmunder Mundart. Und natürlich kannst du dich hier in erster Linie mit Büchern zur Ruhrpott-Metropole eindecken.

Krimi mit Dortmund-Schauplatz gefällig?
--> siehe „Dortmund fiktiv", S. 246

Dortmund Dortmund endlich
endlich endlich

Klassik
Konzert
Konzert
Konzert
Konzert
Konzert
endlich
Klassik
Klassik
Poetry-Slam
Kinosessel
Theater
Konzert
Poetry-Slam

Es ist so weit: Endlich Feierabend, Freizeit, Wochenende! Höchste Zeit also, dich in Dortmunds kulturelles Leben zu stürzen. „Kultur" muss ja nicht gleich bedeuten, dass du eine Lesung mit dadaistischen Texten besuchst: In der Ruhrmetropole kommst du mit jeder Erwartung und jedem Anspruch irgendwo auf deine Kosten.

Damit du dir dein ganz persönliches Kulturprogramm zusammenstellen kannst, gibt's hier die Highlights. Wie wär's zu Beginn beispielsweise ganz gemütlich mit Kino?

Kino

Ob Winter oder Sommer, früh oder spät, im Kino ist immer für gute Unterhaltung gesorgt und für jeden Geschmack etwas dabei. Egal, ob du Fan von Mega-Blockbustern und Mainstream bist oder Liebhaber von Independent- oder Experimentalfilmen, hier findest du bestimmt was Passendes.

Das größte Kino in Dortmund ist das **Cinestar** (Steinstr. 44), in dem immer die neuesten Hollywood-Blockbuster laufen. Da all die gepolsterten Sitze, der fette Sound und die riesen Leinwände mit modernster 3D-Technik auch finanziert werden müssen, hat das brillante Filmerlebnis natürlich einen dementsprechenden Preis. Als besondere Attraktion gibt es hin und wieder Liveübertragungen von Stücken aus der Royal Opera oder der Met zu sehen.
www.cinestar.de --> Kino ändern --> Dortmund

Falls du nicht in der Innenstadt wohnst oder da mal raus möchtest, ist die **Film–Bühne** in Aplerbeck (Schüruferstr. 330) eine gute Alternative. Von den einst 50 Vorstadtkinos, die es früher in Dortmund gab, ist heute nur noch dieses eine erhalten. Im Kinosaal mit original 50er-Jahre-Charme laufen viele Hollywood-Blockbuster, einige davon auch in 3D. Und dabei ist es sogar ein wenig günstiger als das große Kino in der Innenstadt. www.filmbuehne-dortmund.de

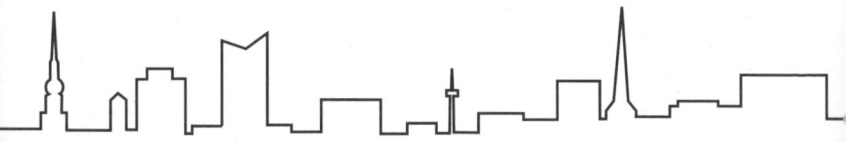

Direkt in der Innenstadt liegt mit der **Schauburg** (Brückstr. 66) ein Kino, das schon seit über 100 Jahren Filmbegeisterte anlockt. Das Live-Orchester aus der Anfangszeit ist inzwischen allerdings einer

moderneren Sound-Anlage gewichen. Hier gibt es zwei gut ausgestattete Kinosäle, in denen eine Mischung aus Art-house- und Mainstreampro-gramm gezeigt wird. Obwohl die Schauburg eher klein ist, hat sie mit etwa 15 verschie-denen Filmen pro Woche ein wirklich buntes Programm. www.schauburg-kino.com

Wenn es noch ein bisschen anspruchsvoller sein darf, lohnt sich auf jeden Fall ein Besuch im **Roxy** (Münsterstr. 95). Das kleine Pro-grammkino zeigt zwei bis drei verschiedene Filme pro Woche. Mainstream wirst du hier selten finden, stattdessen ausgesuchte Independentfilme. Jeden Freitag hast du die Möglichkeit, Filme im Originalton zu sehen – mal mit und mal ohne Untertitel. www.roxydortmund.de

In der **Camera** (Mallinckrodtstr. 209) kannst du aktuelle internatio-nale Filmproduktionen jenseits des Hollywood-Mainstreams erle-ben. Der zweistöckige Kinosaal mit seinem ehrwürdigen Balkon ver-sprüht den Charme eines alten Lichtspielhauses. Auch hier gilt „weniger ist mehr": Das Programm ist überschaubar, aber dafür besonders gut ausgewählt. www.roxy-camera.de

Das **SweetSixteen** (Immermannstr. 29) zeigt nicht nur hauptsäch-lich Independentfilme, sondern ist auch wegen der ungewöhnlichen Location empfehlenswert. Es liegt im Depot, der ehemaligen Haupt-werkstatt der Dortmunder Straßenbahnen. Lange Zeit konntest du

Dortmund

Dortmund

endlich

endlich

endlich

hier nur 16mm-Schmalfilme sehen, woraus der Name SweetSixteen entstand. Mittlerweile hat man aber auch hier aufgerüstet.
www.sweetsixteen-kino.de

Jeden Donnerstag- und Freitagabend sowie jeden letzten Sonntag im Monat wird das Dortmunder U zum Filmtheater: Das **Kino im U** (Leonie-Reygers-Terrasse) im Erdgeschoss der ehemaligen Union-Brauerei präsentiert alternative Filmreihen, in denen besondere Filmperlen, zeitlose Klassiker oder lokale Dortmunder Werke gezeigt werden. Zusätzlich gibt es zu jedem Film eine Einführung und Hintergrundinfos. Nur Filme aus aktuellen Kinoprogramm wirst du hier vergeblich suchen. www.kino-im-u.de

Er ist zwar kein offizielles Kino, dennoch zeigt der **Uni-Filmclub** (Emil-Figge-Str. 50, Hörsaal 1) jeden Mittwoch während des Semesters auf der Hörsaalleinwand einen Film. Bei einem Programm kreuz und quer durch Genres und Entstehungsjahre solltest du auch hier auf deine Kosten kommen. Falls du also Bock auf große Leinwand hast, in deiner Geldbörse aber mal wieder Ebbe herrscht, bist du hier genau richtig: Mit einem Eintritt von nur 2,50 Euro pro Film, plus 1 Euro Jahresbeitrag, ist dies die wahrscheinlich günstigste Art des Filme-Guckens. Der Andrang ist rege, also sei rechtzeitig da!
www.ufc.uni-dortmund.de

Open-Air Kino

Bei all der Kino-Auswahl gibt es jedes Jahr noch eins, das nur während der Sommerferien geöffnet hat: Sechs Wochen lang verwandelt sich die Seebühne im Westfalenpark allabendlich bei Einbruch der Dunkelheit ins **Kino im Park**. Hier laufen viele neue, aber auch mal ältere Film, und vor allem ein ganz wichtiger Klassiker: Highlight ist immer wieder DER Ruhrgebietsfilm schlechthin, Bang Boom Bang, mit dem das ganze Spektakel traditionell eröffnet wird. Am letzten Veranstaltungstag wird ein Wunschfilm gezeigt, über den du vorher online abstimmen kannst: www.psd-bank-kino.de

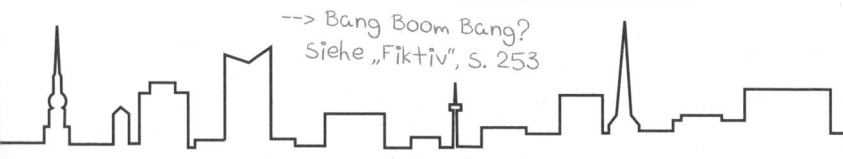

--> Bang Boom Bang?
Siehe „Fiktiv", S. 253

Theater

Wie wäre es mit echten Schauspielern statt Kinoleinwand? Eins ist garantiert, ob Drama, leichte Komödie oder moderne Ballettkunst, alles ist in Farbe und 3D. Und es gibt reichlich Auswahl:

Die große Bühne

Unter dem Oberbegriff **Theater Dortmund** (Theaterkarree 1–3, Platz der Alten Synagoge) findest du die drei großen Sparten Schauspiel, Oper und Ballett. Oper und Ballett befinden sich unter einem Dach, das Schauspielhaus liegt gleich nebenan. Karten für Studierende (bis 27) gibt es zum halben Preis. Ausreden, es sei zu teuer, zählen also nicht. Noch günstiger wird es für Kurzentschlossene: Ab 30 Minuten vor Beginn werden die Restkarten für gerade mal 7 Euro vertickt – kann bei beliebten Stücken natürlich schiefgehen.

Im **Schauspielhaus** kommen Freunde des klassischen und modernen Theaters voll auf ihre Kosten. Vom kleinen Dreimannstück bis hin zu Interpretationen großer Werke aus Antike, Klassik und Moderne wird hier alles dargeboten. Auf der großen Bühne des Schauspielhauses, im Studio und auf mehreren kleinen Nebenbühnen kannst du fast täglich mehrere Stücke sehen. Seit einigen Jahren gibt es außerdem das **Institut**, das ehemalige Schauspielcafé, das umgebaut wurde und nun als Platz für Lesungen, Konzerte, Theater, Matineen und Werkseinführungen genutzt wird.

Das **Opernhaus** direkt nebenan fällt nicht nur durch seine geschwungene, grüne Kuppel auf, sondern auch durch sein hochkarätiges Programm: Egal ob Händel, Mozart oder Verdi, hier kommen sie alle mal

Dortmund

Wenn du näher dran sein möchtest, solltest du auch das
Ballettzentrum Westfalen
(Florianstr. 2) im Westfalenpark auf dem Schirm haben.

Durch die großen Fenster
kannst du hier dem Ensemble bei
der Probe zuschauen oder an
kleinen Veranstaltungen wie
Werkstattgesprächen und
Matineen teilnehmen.

dran. Neben den Klassikern laufen hier aber durchaus auch
moderne Werke. Es gibt bei-
spielweise auch mal eine Rock-
oper und Aufführungen der
„Jungen Oper". Ebenfalls hier
untergebracht ist das **Ballettensemble** des Theaters Dortmund,
das für seine anspruchsvollen
Choreographien und internationalen Ballettgalas bekannt ist.
www.theaterdo.de

Die kleinere Bühne

Das **Theater im Depot** (Immermannstr. 29) spielt in der ehemaligen
Straßenbahnhauptwerkstatt, die 2001 als Kulturort neu eröffnet
wurde und zahlreichen Künstlern und Kreativen ein Zuhause gibt. In
dem freien Theater, mit Schwerpunkt auf Eigenproduktionen und
Kooperationen von Schauspiel und Tanztheater, kannst du in der
Theaterwerkstatt auch selbst aktiv werden. www.depotdortmund.de

Im **Fletch Bizzel** (Humboldtstr. 45) finden viele unterschiedliche
Kulturformen Platz – und Theater steht dabei ganz weit oben. Die
Stücke sind meistens turbulent und fröhlich und immer sehr unter-
haltsam. Wenn mal nichts gespielt wird, kannst du hier zu Lesun-
gen und Ausstellungen vorbeischauen oder an Theaterkursen und
Selbstcoachings teilnehmen. www.fletchbizzel.de

Ein Potpourri an Darbietungen und Veranstaltungen vereint das
Hansa-Theater (Eckardtstr. 4a). Hier kannst du Eigenproduktionen – häufig Musicals und Musikrevuen – sehen, außerdem Gastspiele anderer Künstler, die meistens Musikalisches oder Kabarett-
programme darbieten. www.hansa-theater-hoerde.de

Als „Literatur-Theater" ist das **Roto-Theater** (Gneisenaustr. 30) bekannt. Das Ensemble hat Portraits von großen Dichtern wie Heine, Rilke und Droste-Hülshoff in petto, lässt die Werke von Loriot und Heinz Erhardt auferstehen und gibt daneben auch einige musikalische Darbietungen zum Besten. Von anspruchsvoll bis albern ist für jeden etwas dabei. www.rototheater.de

Im **Wichern Kulturzentrum** (Stollenstr. 36) kannst du zwar mehr als nur Theater sehen, dieses macht allerdings einen großen Teil des Programms aus. Das hauseigene Ensemble, das Theater36, überrascht jede Spielzeit mit einem neuen Stück, und das kann vom Shakespeare-Klassiker bis zum povokanten Anti-Theater alles sein. www.theater36.de

Der **Theaterverein Heiterkeit** spielt im Kulturzentrum **Alte Schmiede** (Hülshof 32) Stücke für jüngeres und älteres Publikum. Für Kinder gibt es Märchenklassiker und für Erwachsene – der Name lässt es vermuten – Komödien.
www.theaterverein-heiterkeit.de

Nur einen einzigen Akteur hat das private **Theater Olpketal** (Olpketalstr. 90), der auch gleichzeitig der Inhaber dieses privaten Theaters ist. Bruno „Günna" Knust spielt hier seit über 20 Jahren Ruhrpott-Kabarett, tourt aber auch herum und lässt Platz für Gastspiele. Wenn du hier eine Show sehen möchtest, solltest du rechtzeitig da sein, denn auf den knapp 200 Sitzen herrscht freie Platzwahl. www.theater-olpketal.de

Sobald es draußen wärmer und sonniger ist, beginnt die Open-Air-Saison an der **Naturbühne Hohensyburg** (Syburger Dorfstr. 60). Das bunte Programm aus klassischen und modernen Stücken lädt Zuschauer jeder Altersklasse dazu ein, sich Theater unter freiem Himmel anzuschauen. Die Theatergruppe setzt sich übrigens komplett aus ehrenamtlichen Mitarbeitern zusammen, die auch immer Verstärkung suchen. Vielleicht findest du hier ja deine Berufung?
www.naturbuehne.de

Improtheater

Die Dortmunder Improvisationstheatergruppe **Emscherblut** ist mittlerweile im ganzen Ruhrgebiet und darüber hinaus unterwegs. Wenn die sieben Schauspieler die Bühne betreten, haben sie keinen einzigen Textfetzen im Kopf, sondern setzen aus dem Stegreif jeden noch so skurrilen Publikumsvorschlag in eine bühnenreife Szene um.
www.emscherblut.de

Willst du einmal selber dein Improvisationsgeschick testen? Dann auf zu einem Improtheater-Workshop im Wichern Kulturzentrum (Stollenstr. 36), im Fletch Bizzel (Humboldtstr. 45) oder im Theater im Depot (Immermannstr. 29).

www.wichern.net
www.fletchbizzel.de
www.depotdortmund.de

Kleinkunst & Kabarett

Eine Verbindung aus Kneipe, Cocktailbar, Billard-Treff und Bühne ist das **Cabaret Queue** (Hermannstr. 74). Auf der Kleinkunstbühne traten schon viele überregional bekannte Namen auf, aber auch lokale Dortmunder Kabarettisten, wie Ausbilder Schmidt oder Fritz Eckenga, stehen regelmäßig auf dem Plan. Besonderes Highlight ist die zweimal wöchentlich stattfindende Dinnershow, bei der du leckeres Essen mit Kabarett serviert bekommst. Den Namen des Künstlers erfährst du allerdings erst in dem Moment, in dem er die Bühne betritt. www.cabaret-queue.de

Beim **RuhrHOCHdeutsch** im Spiegelzelt (Rheinlanddamm 200) an den Dortmunder Westfalenhallen treten bekannte Kabarettisten wie Mathias Riechling, Jochen Malmsheimer oder Piet Klocke in einem historischen Zelt auf. Vor der Show kannst du dir im von  Palmen umgebenen Biergarten gepflegt den Bauch vollschlagen. Über die Woche verteilt finden verschiedene Themenshows statt, bei denen du für Preise um die 20 Euro wirklich einiges erwarten kannst. Freunde von Comedy, Kabarett und Musikshows sollten RuhrHOCHdeutsch definitiv einen Besuch abstatten. www.ruhrhochdeutsch.de

Als Persiflage einer Karnevalssitzung ist der **Geierabend** eine feste Größe in Dortmund. In den kühleren Frühlingsmonaten finden die Abende in der Regel im Industriemuseum Zeche Zollern II/IV (Grubenweg 5) statt, ab und an gibt es auch andernorts ein Gastspiel.

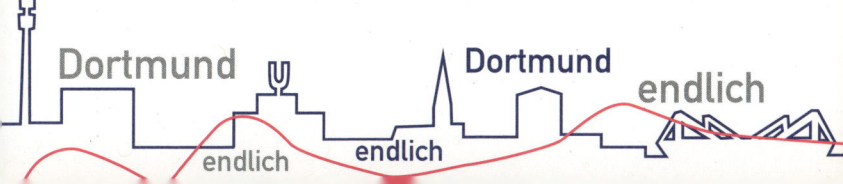

Seitdem der WDR mit an Bord ist, wurde der Geierabend auch über die Grenzen des Potts hinaus bekannt. Wenn du eine Show sehen möchtest, solltest du dich beeilen, die sind nämlich schnell ausgebucht. www.geierabend.de

Eine alte Turnhalle als Bühnenraum, das ist die Basis für das **Tanztheater Cordula Nolte** (Paulinenstr. 2). Während der Spielzeit gibt es hier Eigenproduktionen, die modernen Ausdruckstanz und Kabarett mit Sprechtheater und Pantomime verbinden. Die exklusive Mischung sorgt für kurzweilige Unterhaltung, behandelt aber auch ernste Themen. www.tanztheater-cordula-nolte.de

Zirkus-Magie-Varieté

Im **Fritz-Henßler-Haus** (Geschwister-Scholl-Str. 33-37) findest du eigentlich alles, egal ob Konzerte, Theater, MangaCons oder Zirkusaufführungen. Die Spielstätte ist in erster Linie als Haus der Jugend konzipiert, das bunte Veranstaltungsprogramm ist aber auch für ältere Zuschauer interessant. www.fhh.de

Von Dezember bis Anfang Januar beehrt der **Circus FlicFlac** die Stadt mit einer feurigen Weihnachtsshow an der Westfalenhalle (Victor-Toyka-Str.). Hier bist du nah dran an den halsbrecherischen Artistiknummern und einfallsreichen Clownseinlagen. Zum Schluss rundet eine Feuershow das Spektakel ab. www.flicflac.de

Ein ganzjähriges Varieté-Theater gibt's nebenan in Bochum: Für einen Abend im **Varieté et cetera** (Herner Str. 299, 44809 Bochum) lohnt sich der Ausflug in die Nachbarstadt. www.variete-et-cetera.de

Museen

Dass der Ruhrpott in Sachen Kunst doch mehr zu bieten hat als Gelsenkirchener Barock, beweist eine mittlerweile beachtliche Zahl von Museen in Dortmund. Du kannst traditionelle Kunstmuseen besuchen, historische Industriemuseen besichtigen oder aber mal etwas Ausgefalleneres probieren.

Alle auf einmal bestaunst du am besten bei der **Dortmunder Museumsnacht**, bzw. versuchst es, denn bei 60 teilnehmenden Veranstaltungsorten fällt die Auswahl schwer. --> siehe „Feste & Festivals", S. 235

Nicht nur das heimliche Wahrzeichen Dortmunds, sondern wahrscheinlich auch das prägnanteste Zeichen, wenn es um Kunst geht, ist das **Dortmunder U** (Leonie-Reygers-Terrasse), das Gebäude der ehemaligen Union-Brauerei. Vor einigen Jahren umgebaut, beherbergt das Kulturzentrum das **Museum Ostwall**, den **Hartware MedienKunstVerein**, sowie eine Abteilung der **FH** und der **TU Dortmund**, die regelmäßig Ausstellungen zeigt.
www.dortmunder-u.de

Das größte im Dortmunder U beheimatete Museum ist das **Museum Ostwall**, das gleich zwei Etagen einnimmt. Hier kannst du Kunst des 20. Jahrhunderts bis in die Gegenwart sehen, besonders Werke der Fluxusbewegung, der Expressionisten oder des Informel. Dabei geht es ebenso um Malerei wie um Video- und Fotoarbeiten oder Skulpturen. Neben der Dauerausstellung gibt es natürlich auch immer Wechselausstellungen, deren Schwerpunkt ebenfalls auf

Dortmund · Dortmund · endlich · endlich · endlich

moderner Kunst liegt. Kleines Extra des Museums ist der sogenannte „Lautsprecher", ein Raum, der einen tollen Ausblick auf die Innenstadt gewährt und gleichzeitig mit Lesungen aus Lautsprechern für etwas Kultur auf den Ohren sorgt.
museumostwall.dortmund.de

Der **Hartware MedienKunstVerein** ist deine Anlaufstelle, wenn du zeitgenössische, experimentelle Kunst und Medienkunst sehen möchtest, bei der auch immer mal wieder was zum Anfassen dabei ist. Statt einer festen Dauerausstellung gibt es kurzweilige Wechselausstellungen – hier kannst du also problemlos mehrmals aufkreuzen. www.hmkv.de

Eine Etage teilen sich die **Fachhochschule** und die **TU Dortmund**. Die FH ist mit Ausstellungen, Events, Projekten, wissenschaftlichem Austausch und öffentlichen Lesungen präsent und auch die TU nutzt den Ort als Präsentations- und Diskussionsfläche. Hier zeigen sich die beiden Hochschulen der Öffentlichkeit und die Besucher können sehen und staunen, wie sich wissenschaftliches Forschen mit Kunst und Kreativität verbinden lässt.
www.dortmunder-u.de

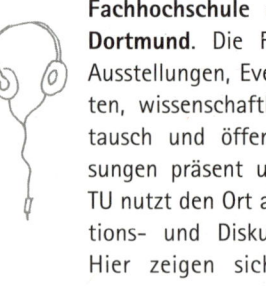

Jeden ersten Mittwoch im Monat gibt es einen **eintrittsfreien Tag**, an dem du einen Großteil der Ausstellungen im U kostenlos besuchen kannst.

Auch bei Ausstellungseröffnungen ist der Eintritt in der Regel frei und dazu gibt es Getränke, manchmal auch was zu essen und – was natürlich das Wichtigste sein sollte – man sieht die neue Ausstellung als Erste(r).

--> Partner im U
--> Fachhochschule Dortmund

Das größte Museum nach dem Dortmunder U ist das **Museum für Kunst und Kulturgeschichte**, kurz MKK (Hansastr. 3). In dem ehemaligen Sparkassen-Gebäude lernst du schwerpunktmäßig die Geschichte der Stadt Dortmund vom Mittelalter über die Bergbauzeiten bis (fast) in die Gegenwart kennen. Neben wertvollen Kunstwerken findest du hier historische Alltagsgegenstände und authentisch eingerichtete Räume, die dich in vergangene Zeiten zurückversetzen. www.mkk.dortmund.de

Eine völlig andere Art von Ausstellung beherbergt die **DASA**, die „Arbeitswelt-Ausstellung" (Friedrich-Henkel-Weg 1). Sie beschäftigt sich mit dem Menschen in der Arbeitswelt der Vergangenheit, Gegenwart und Zukunft. Klingt nicht so spannend? Völlig falsch, denn hier kannst du ganz viel selber ausprobieren: mit einem echten Bagger drauflosgraben, die Arbeit als Bergarbeiter, Musikproduzent oder Buchbinder kennenlernen, erleben, wie man sich als Blinder in der Arbeitswelt zurechtfindet oder mit einer Gabelstapler-Geisterbahn durch eine Lagerhalle fahren. Und ohne es zu merken, hast du plötzlich was gelernt. www.dasa-dortmund.de

Im **Museum für Naturkunde** (Münsterstr. 271) kannst du grob gesagt alles erfahren, was es über Natur zu wissen gibt. Egal, ob du dich für ein besonderes Fossil, ein bestimmtes Kraut oder ein heimisches Tier interessierst, in diesem seit 100 Jahren bestehenden Museum ist es ausgestellt. Wegen intensiver Sanierungsarbeiten öffnet das gesamte Museum allerdings erst wieder im November 2016 seine renovierten Tore. museumfuernaturkunde.dortmund.de

Dortmund   Dortmund   endlich
endlich   endlich

Die **Zeche Zollern** (Grubenweg 5) steht schon seit Jahren als die Musterzeche schlechthin im Blickpunkt der Öffentlichkeit. Durch das Jugendstil-Portal der Maschinenhalle bekannt geworden, zieht sie heute Besucher aus der ganzen Region, einerseits mit den Gebäuden, andererseits mit diversen Ausstellungen zum Thema Zeche und Bergbau, an. Immer wieder gibt es Sonderveranstaltungen, die thematisch zu der speziellen Location passen. www.lwl-industriemuseum.zeche-zollern.de

Auf dem Gelände der **Kokerei Hansa** (Emscherallee 11) erfährst du, wie Koks hergestellt wurde. Die ehemalige Betriebsstätte ist zwar kein Museum im offiziellen Sinn, es werden aber Führungen durch die Gebäude angeboten, bei denen du den Betriebsablauf und die

Arbeitsbedingungen kennenlernst. Außerdem hast du von hier einen super Ausblick über Dortmund. www.industriedenkmal-stiftung.de

--> Denkmale --> Kokerei Hansa

Das **Hoesch-Museum** (Eberhardstr. 12) präsentiert die Dortmunder Stahlgeschichte: von Beginn der Stahlindustrie über den Strukturwandel bis heute. Neben umfangreichen Ausstellungen kannst du dir auch selbst einen Stahlwerkerhelm aufsetzen, interaktiv in ein Stahlwerk eintauchen und sogar als Kranführer mitarbeiten. www.hoeschmuseum.dortmund.de

Die **Mahn- und Gedenkstätte Steinwache** (Steinstr. 50) ist ein Museum der etwas anderen Art. Bei freiem Eintritt betrittst du hier einen geschichtsträchtigen Ort: Zunächst diente das Gebäude als Polizeiwache mit Gefängnis, durch die Gestapo wurden Teile davon

später zur Folterung genutzt. Bis zum Ende des Zweiten Weltkrieges hatte die Steinwache den Ruf als eine der berüchtigtsten Folterstätten. www.steinwache.dortmund.de

Um die Bierstadt Dortmund geht es im **Brauerei-Museum** (Steigerstr. 16). In den historischen Maschinenhallen erfahren Freunde des flüssigen Brots alles über das Dortmunder Brauereiwesen, vom Mittelalter über die 50er Jahre bis heute. Zweimal im Monat lädt das Museum zur großen Tour durch die sich noch in Betrieb befindliche Brauerei ein, natürlich inklusive Bierverkostung. www.brauereimuseum.dortmund.de

Hände aufs Pult und Rücken gerade! Schulunterricht wie vor 100 Jahren kannst du im **Westfälischen Schulmuseum** (An der Wasserburg 1) über dich ergehen lassen – inklusive Schiefertafel und Rohrstock. Passivere Gemüter können sich hier im alten Schulhaus die umfangreiche Ausstellung ansehen. Ihre besonderen Schwerpunkte bilden der Unterricht im Mittelalter sowie im Ersten und Zweiten Weltkrieg. www.schulmuseum.dortmund.de

Direkt am Hauptbahnhof zieht das längliche Gebäude des neueröffneten **Deutschen Fußballmuseums** (Königswall 21) Kickbegeisterte in seinen Bann. Die emotional inszenierte Ausstellung führt durch die Geschichte des deutschen Fußballs und der Nationalmannschaft, zeigt dessen gesell- und wirtschaftlichen Effekte, erläutert in interaktiven Installationen besondere Spieltaktiken und huldigt den großen Fußballlegenden. www.fussballmuseum.de

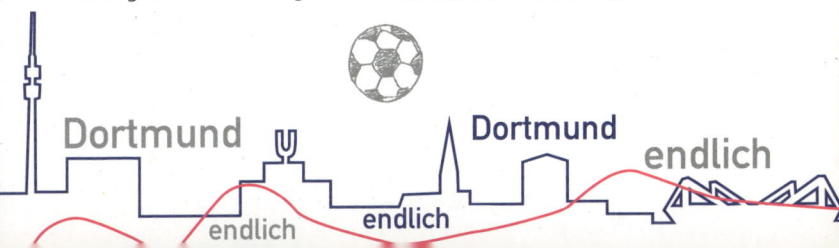

Für jeden Dortmunder oder Fußballfan kommt einmal der Tag, an dem er das **Borusseum** (Strobelallee 50) besichtigen sollte. Angeschlossen an das Stadion wird hier die Geschichte des Vereins erzählt, es dürfen Fangesänge angestimmt und es darf gekickt werden. Aber auch für Nicht-Fußballfans ist dieses Museum durchaus lehrreich und unterhaltsam. www.borusseum.de

Das **Künstlerhaus** (Sunderweg 1) ist gleichzeitig Atelier und Ausstellungsort. Hier schaffen Künstler zeitgenössische und experimentelle Werke und stellen sie in den Räumen des Hauses aus. Das Künstlernetzwerk möchte vor allem noch nicht etablierte Kollegen fördern – vielleicht triffst du hier also die Stars von morgen. www.kh-do.de

Die älteste Apotheke NRWs hat ein eigenes Museum, das **Apothekenmuseum** (Markt 4), in dem du eine „Apotheke im alten Stil" bewundern kannst. Dort wird eine Ausstellung zum Thema Entwicklung der Apotheke verbunden mit dem Beruf des Apothekers heute gezeigt. www.apotheken-museum.de

Das **Automobil-Museum** (Brandisstr. 50) ist aus einer privaten Initiative entstanden, hat aber mittlerweile einen beachtlichen Fundus historischer Auto- und Motorrad-Modelle aufgebaut. Oldtimer-Fans können hier zwischen Jaguar, Cadillac und Lanchester in vergangenen Zeiten schwelgen. www.oldiemuseum.de

Jeden dritten Sonntag im Monat hat der **Bahnhof Mooskamp** (Mooskamp 23), das Straßenbahn- und Nahverkehrsmuseum im ehemaligen Betriebswerk der Kokerei Hansa, geöffnet. Hier gibt es historische Schienenfahrzeuge und deren Geschichte zu bestaunen. Und weil einige der alten Bahnen erneut in Betrieb genommen wurden, kannst du hier sogar eine Runde mitfahren. www.bahnhof-mooskamp.de

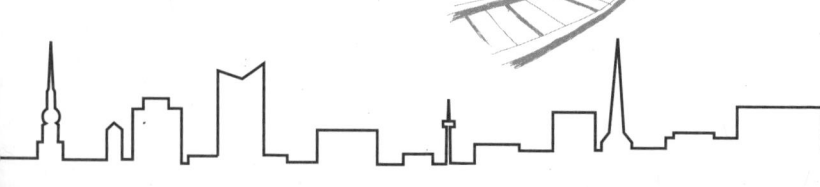

Im **Giraffenmuseum** (Wickeder Hellweg 25) erwartet dich eine seit den 1980er Jahren gewachsene Giraffenherde, die laut Angabe des Museums aus über 30.000 Exponaten besteht. Es gibt, naja, eigentlich alles, was irgendwie nach Giraffe aussieht: große, kleine, aus Plüsch, Plastik, Gummi, als Keks, Teller, Duschvorhang usw. Einzig und allein für echte Giraffen musst du dann doch den Zoo besuchen.

www.giraffen-museum.de

Konzerte

Klassik

Im **Konzerthaus Dortmund**, der „Philharmonie für Westfalen" (Brückstr. 21), trifft sich, was in der klassischen Musikszene Rang und Namen hat – egal ob Sinfonieorchester, Kammermusikensemble oder Solo-Pianistin. Der Saal hat Platz für 1.500 Zuhörer und wird häufig für seine herausragende Akustik nach dem Vorbild des berühmten Wiener Musikvereinssaals gelobt. Regelmäßige Auftritte haben die Dortmunder Philharmoniker

Dortmund

endlich

Dortmund

endlich

endlich

mit den philharmonischen Konzerten, Familienkonzerten und Konzerten für junge Leute. Seit einigen Jahren kannst du hier auch in den Genuss von Singer-Songwriter-Klängen kommen oder Pop-Bands bei besonderen Unplugged-Konzerten erleben.
www.konzerthaus-dortmund.de

Außerdem kannst du auch in einigen Dortmunder Kirchen klassische Musik hören. In der **Reinoldikirche** (Ostenhellweg 2) gibt es über das Jahr verteilt immer mal wieder klassische Konzerte, wie die Jahreskonzerte des Dortmunder Bachchors, das Orgelfestival-Ruhr im Sommer oder die beliebten Weihnachtskonzerte. Und jeden Mittwoch findet um 18.00 Uhr ein halbstündiges Feierabendkonzert statt, bei dem du eintrittsfrei den Klängen der Orgel lauschen kannst. www.sanktreinoldi.de --> Kirchenmusik

Auch in der **Petrikirche** (Petrikirchhof 7) findet einmal die Woche ein Konzert statt: Jeden Freitag um 13.00 Uhr gibt es die „Orgel zu Mittag". www.stpetrido.de

Jazz

Das **Domicil** (Hansastr. 7-11) ist die Anlaufstelle für Jazz und aktuelle Musik schlechthin. Neben einem umfangreichen Konzertprogramm laufen hier zwei besondere Reihen: Jeden Montagabend lädt das Domicil zur „Monday Night Session", bei der die besten jungen Jazzer aus NRW spielen. Und in der anschließenden Jam-Session kannst auch du dein Talent unter Beweis stellen oder einfach in gemütlicher Atmosphäre der Musik lauschen, ein Bierchen

trinken und quatschen. Der Mittwoch steht im Zeichen der kulturüber- greifenden Musik, mal mit geladenen Bands, mal als offene Impro-Session. Der Eintritt ist bei beiden Ver- anstaltungen frei.

www.domicil-dortmund.de
--> Programm (Sessions und Regulars)

Sobald das Bühnenlicht angeht, verwandeln sich die hohen Jugend- stil-Räume des **Musiktheaters Piano** (Lütgendortmunder Str. 43) in eine angesagte Konzert-Location, denn das Piano lockt mit einer gelungenen Mischung aus Künstlern, die im Jazz, Blues und Rock zu Hause sind. www.musiktheater-piano.de

Im reichhaltigen Programm des **Dietrich-Keuning-Hauses** (Leo- poldstr. 50-58) finden sich neben Partys, Tanzshows und Kabarett- abenden auch ausgesuchte Konzerte. Du kannst bekannte und neue Künstler aus der Weltmusik-, Reggea-, Ska- und Jazzszene hören – ein wirklich internationales Programm! www.dkh.dortmund.de

Man könnte meinen, dass der Keller einer Gesamtschule nicht der optimale Ort für einen coolen Musikschuppen ist, aber weit gefehlt: Das **Blue Notez** (Joseph-Cremer-Str. 25) hat eine super Atmosphä- re und lädt zu seinen Konzerten internationale Musiker ein. Die haben Rock, Blues, Jazz oder RnB im Gepäck – du kannst dich also definitiv auf einen groovigen Abend einstellen.

www.blue-notez.com

Einmal im Monat spielt im Café **An den Wasserbecken** (Westfalen- park 1) das Darktown Swingtett und lässt am sogenannten „Swing- ing Afternoon" die Musik von Benny Goodman auferstehen.

www.darktown-swingtett.de --> Termine

Dortmund   Dortmund   endlich

endlich   endlich

Rock/Pop

Wenn die ganz angesagten Künstler nach Dortmund kommen, dann treten sie in aller Regel in den **Westfalenhallen** auf. Meistens gibt es hier Rock und Pop, seltener auch mal ein Klassikkonzert zu hören. Auf dem Programm stehen Namen wie Fettes Brot, Die Toten Hosen oder David Garrett. www.westfalenhallen.de

Im nebenan gelegenen **Westfalenpark** (An der Buschmühle 3) wird im Sommer mitten auf der großen Wiese eine gewaltige Open-Air-Bühne aufgebaut. Hier kannst du gemeinsam mit zigtausend Gleichgesinnten Stars wie Fanta 4 oder Seeed bejubeln. www.westfalenpark.dortmund.de

Bereits seit vielen Jahren gilt das **FZW** (Freizeitzentrum West, Ritterstr. 20) als Veranstaltungsort für Jugend- und Popkultur. Hier kannst du nicht nur auf Partys zu unterschiedlichen Musikrichtungen feiern, sondern vor allem Konzerte bekannter Künstler besuchen. Es gibt viel aus dem Bereich Rock und Indie auf die Ohren, aber auch für andere Musikgeschmäcker ist was dabei. Das FZW liegt direkt neben dem Dortmunder U. www.fzw.de

In der **Pauluskirche** (Kirchenstr. 31) finden nur wenige Konzerte im Jahr statt, aber die sind immer irgendwie besonders: Hier treten Rock- und Metalbands auch mal mit kleinem Besteck auf und präsentieren rare Akustik-Versionen ihrer Stücke. Außerdem finden in der Pauluskirche die jährlichen Musikfestivals „Halleluyeah" und „Way Back When" statt. www.pauluskircheundkultur.net

siehe „Feste & Festivals", s. 232

Das **Subrosa** (Gneisenaustr. 56) ist eine urige Kneipe in der Dortmunder Nordstadt, unweit des Hafens. Die Bands, die hier aufkreuzen, sind keineswegs allseits bekannte Chartstürmer, sondern bewegen sich irgendwo zwischen Rockabilly, Rock 'n' Roll und Pop und passen perfekt in das kultige Ambiente der Bar.
www.hafenschaenke.de

Hin und wieder bietet auch die ebenfalls in der Nordstadt gelegene Kneipe **Sissikingkong** (Landwehrstr. 17) Konzerten ein Zuhause. Hier gibt es Gitarrensounds von Singer-Songwritern, viele deutsche Bands und dazu ganz viel Gemischtes und nicht Kategorisierbares.
www.sissikingkong.de

Herr **Walter** (Speicherstr. 90) veranstaltet auf seinem Eventschiff in unregelmäßigen Abständen Rockkonzerte. Hier ist außerdem die „Rockstage" untergebracht, eine Nachwuchsförderung für regionale Bands.
--> s. „Feiern", S. 158

Literatur

Lesungen

In der **Mayerschen Buchhandlung** (Westenhellweg 37-41) gibt es mindestens einmal im Monat etwas Literarisches auf die Ohren. Auf der Bühne des Wort-Cafés stellen Autoren aus der Region in verschiedenen Disziplinen ihre Werke vor: Das kann mal eine klassische Autorenlesung sein und mal ein live nach den Wünschen des Publikums verfasster Text. www.wort-cafe.de

Noch relativ jung ist das **Literaturhaus Dortmund** (Neuer Graben 78), das sich zu einem Treffpunkt für Literaturfreunde etabliert hat. Es bietet Platz für Diskussionen und Lesungen und dient als Begegnungsort mit Literaten. www.literaturhaus-dortmund.de

Auch im **Sissikingkong** (siehe oben) finden immer mal wieder Lesungen statt.

Dortmund   Dortmund
                        endlich
        endlich   endlich

Das Café **Taranta Babu** (Humboldtstr. 44) ist schon seit Jahren eine feste Institution, wenn es um Literatur geht. Da wundert es nicht, dass hier auch Lesungen und Gespräche stattfinden. Und passenderweise liegt genau nebenan der dazugehörige Buchladen, so dass du auch noch schnell nette Literatur für zu Hause erwerben kannst. www.tarantababu.de

Literaturgespräche

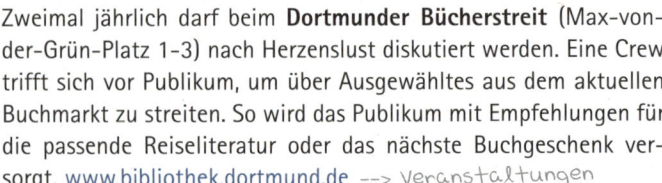

Zweimal jährlich darf beim **Dortmunder Bücherstreit** (Max-von-der-Grün-Platz 1-3) nach Herzenslust diskutiert werden. Eine Crew trifft sich vor Publikum, um über Ausgewähltes aus dem aktuellen Buchmarkt zu streiten. So wird das Publikum mit Empfehlungen für die passende Reiseliteratur oder das nächste Buchgeschenk versorgt. www.bibliothek.dortmund.de --> Veranstaltungen
--> Literatur/Lesungen
--> Dortmunder Bücherstreit

Poetry Slam

An jedem ersten Mittwoch im Monat bringt der wandernde Poetry-Slam-Veranstalter **WortLautRuhr** den größten Slam des Ruhrgebiets an den Start: Der **Poetry Slam im FZW** (Ritterstr. 20) lockt Slammer aus ganz Deutschland nach Dortmund.

Man nehme einige der erfolgreichsten Poetry Slammer Deutschlands, stelle sie auf eine Lesebühne, füge einen DJ und einen Schnellzeichner hinzu, lade einen Überraschungsgast ein und fertig ist die **LMBN-Show**. Diese steigt jeden zweiten Donnerstag im Monat im **Domicil** (Hansastr. 7-11) und wird ebenfalls von WortLautRuhr veranstaltet. www.wortlautruhr.de

Beim **Jazz Poetry Slam** im Domicil treffen – der Name lässt es erahnen – Poetry Slammer und Jazzmusiker aufeinander. Hier wird virtuos mit Worten und Tönen improvisiert, fantasiert und aufeinander reagiert. Aktuelle Termine findest du unter:

www.domicil-dortmund.de --> Programm
                                                    --> Poetry: LMBN & Co.

Im **Taranta Babu** kannst du beim **Wohnzimmer-Slam** jeden ersten Dienstag im Monat selbst etwas vortragen oder anderen Slammern zuhören. --> s. „Lesungen", S. 218

Jeden dritten Montag im Monat verwandelt sich das **Subrosa** in eine offene Bühne, auf der der sogenannte **Poetry Jam** stattfindet: Du trägst fünf Minuten etwas vor, danach entscheidet das Publikum per roter Karte, wer bleibt und wer geht.

--> s. „Konzerte", S. 217

Veranstaltungskalender

Nach diesem Kapitel weißt du, was in Dortmund so los ist. Allerdings läufst du trotzdem Gefahr, auch mal etwas zu verpassen. Zum Glück gibt's ja Veranstaltungskalender – und weil in einem nie alles drinsteht, hier gleich fünf für die komplette Rundum-Information:

Kalender der **Stadt:**
    www.dortmund.de --> Freizeit & Kultur
                          --> Veranstaltungskalender

Kalender der **Tourismusgesellschaft:**
    www.dortmund-tourismus.de
      --> Entdecken & Erleben --> Veranstaltungen

Eventmagazin **Coolibri:** www.coolibri.de

Stadtmagazin **Heinz:**   www.heinz-magazin.de

Online-Magazin **Ruhrguide:** www.ruhr-guide.de

Dortmund   Dortmund   endlich

endlich   endlich

Musik

Musik

Bierbank

Musik

Straßenfest Feiern Fe

Straßenfest

Musik Feie

Musik

Festivals

Feste &

Feste

&

Festivals

Feste & Festivals

Musik

Bierbank

Bierbank

Musik

Musik Bierbank

Feiern

Feiern

usik

rn

bank

Bierbank

Straßenfest

Feiern

Musik

Straßenfest

Gründe für ein Fest gibt es in Dortmund eigentlich immer: Sei es, dass der Wein reif ist, dass der Sommer Einzug gehalten hat, dass eine bestimmte Straße für sich wirbt oder dass einfach gerade ein guter Zeitpunkt für ein Musikfestival ist. In der ehemaligen Arbeiterstadt kannst du immer wieder hautnah dabei sein, wenn ein neues Fest ins Leben gerufen wird. Und ab dem zweiten Mal ist es dann eh schon Tradition hinzugehen.

Kulinarische Feste

GourmeDo

Der Name deutet es subtil an: Hier geht es um die gehobene Küche. Ende Juli/Anfang August verwandeln die teilnehmenden Restaurants den Friedensplatz für mehrere Tage in ein Riesen-Freiluftrestaurant der Extraklasse. Überragt wird alles vom „Magic Sky", einem 700 m² großen, eleganten Regenschirm, der dafür sorgt, dass das Ereignis auch bei schlechtem Wetter nicht ins Wasser fällt. Trotz der erlesensten Speisen samt Champagner wirkt das Fest aber nicht völlig abgehoben, sondern hat angenehmen Sommerfest-Charme. www.gourmedo.com

Dortmund à la carte

Für den kulinarischen Genuss im Sommer sorgt die Veranstaltung Dortmund à la carte auf dem Hansamarkt. Gestartet wird das Open-Air-Fest jedes Jahr im Juni oder Juli mit dem traditionellen Fassanstich durch den Bürgermeister und einem Eröffnungsfeuerwerk.

An den darauffolgenden vier Tagen versorgen dich die Dortmunder Gastronomen von mittags bis spät in die Nacht mit allem, was das Herz begehrt. Wenn du mal wieder etwas schicker essen möchtest und dein Portemonnaie gerade voll ist, wären vielleicht die Ochsenbäckchen oder das Lammfilet und als Nachtisch Trüffelhonig etwas für dich. Aber es gibt auch viel Gutes zu moderaten Preisen. Neben dem Essen wird ein Drumherum aus Shows und Verlosungen geboten. www.dortmund-a-la-carte.de

Pfefferpotthastfest

Das wichtigste Gericht der Dortmunder hat den kreativen Namen „Pfefferpotthast". Dabei handelt es sich um Rindfleisch, das mit Schmalz, Zwiebeln, Lorbeerblättern und Nelken zubereitet wird. Die Speise stammt tatsächlich aus Dortmund und wird dementsprechend verehrt und sogar gefeiert. Beim jährlichen Pfefferpotthastfest zu Herbstbeginn gibt es westfälische Spezialitäten mit Musik und gemischtem Rahmenprogramm. Gefeiert wird bei diesem Fest die tapfere Verteidigung Dortmunds im Mittelalter. --> s. „Mythen", S. 242

WeinSommer

Liebhaber des edlen Safts der Traube kommen beim im August stattfindenden WeinSommer auf ihre Kosten. Mitten in der Innenstadt auf dem Friedensplatz wird für ein langes Wochenende probiert, degustiert und gefachsimpelt. Probieren darf man natürlich nur gegen Bares, die Vorschläge zum Weinkauf sind aber gratis. www.weinsommer.de --> WeinFeste --> Dortmund

Straßenfeste

Neben den großen Festen in der City gibt es in der Open-Air-Saison auch typische Straßenfeste, die zum Bummeln und Stöbern einladen und ihren Gästen Musik und allerlei Kulinarisches präsentieren.

Kaiserstraßenfest

Wenn du den Ostenhellweg bis zum Ende weiterläufst, landest du in der Kaiserstraße. Dieses friedliche Wohnviertel mit einigen kleineren Geschäften wird einmal im Jahr aus seiner Ruhe gerissen, wenn Ende September das Kaiserstraßenfest startet. Bereits seit 1984 wird hier ein Wochenende lang gefeiert. Auf mehreren Bühnen spielen Bands, es gibt Feuershows, diverse Unterhaltungsangebote und natürlich Essen und Trinken. www.kaiserstrasse-do.de

Saarlandstraßenfest

Ein ähnliches, wenn auch etwas ruhigeres Programm erwartet dich im Juni beim Saarlandstraßenfest. Hier gibt es ebenfalls Livemusik von Künstlern aus NRW, reichlich Essen und natürlich auch zu trinken. In gemütlicher Runde beisammensitzen, Nachbarn auf ein Bier treffen, vielleicht auf der Straße tanzen, das ist das Motto hier.

Internationale Woche

In etwas größerem und vor allem multikulturellem Stil wird die Internationale Woche begangen. Sie feiert den Kulturenreichtum, den die Stadt schon seit vielen Jahren zu bieten hat. Passenderweise spielt sich das Fest in der kunterbunten Nordstadt ab – vor allem in der Münsterstraße, denn Mittelpunkt der Internationalen Woche ist das Münsterstraßenfest. Hier und auf den umliegenden Plätzen und Straßen präsentieren die Teilnehmer eine Woche lang Tanz und Köstlichkeiten ihrer Kultur und was sonst noch so dazu gehört. Es gibt also nicht nur Currywurst und Pommes. www.dortmund.de

--> Leben in Dortmund
--> Internationales
--> Internationale Woche

Kreuzviertel bei Nacht

Um das Viertel noch anziehender zu machen, als es eh schon ist, wurde vor einigen Jahren die Veranstaltung Kreuzviertel bei Nacht ins Leben gerufen, die sich schnell etabliert hat. Hier kannst du

essen, trinken, kaufen … oder natürlich einfach nur gucken und Nacht und Musik genießen. Man trifft sich, um zu quatschen, egal ob mit Freunden, Nachbarn, dem Lieblingsgastronom oder dem Schmuckverkäufer vom Ende der Straße. So wird die Nacht zum Tag. www.kreuzviertelbeinacht.de

Sommerfeste

Auch in Dortmund hält irgendwann der Sommer Einzug. Damit du an warmen Sommerwochenenden nicht gelangweilt zu Hause sitzen musst, hier ein paar Tipps für Sommerfeste in der Stadt. Eingeladen wird zum Entspannen, Grillen, Tanzen und Mitspielen.

Westparkfest

Da wäre zunächst das Westparkfest, das jedes Jahr am Himmelfahrtswochenende stattfindet. Eröffnet wird es traditionell mit einem Open-Air-Gottesdienst, danach verlagert es seinen Schwerpunkt immer mehr in Richtung Vatertag. Nach dem Fassanstich ist für genug flüssige Nahrung gesorgt und das Programm sorgt dafür, dass sich alle Familienmitglieder wohlfühlen. Während die Väter sich quer durch den Park auf Bollerwagen-Tour begeben, können deren Familien auf einer Tanzfläche mitten im Park ihre Salsa-, Tango- oder Lindy-Hop-Künste testen. Den Abschluss macht ein großer Flohmarkt am Sonntag. www.westpark-dortmund.de

--> Westparkfest

Summersounds

Der Westpark ist auch der Startpunkt für das in den Sommerferien stattfindende DJ-Picknick, die Summersounds, bei denen bekannte DJs aus der Umgebung auflegen. Die Besonderheit: Es ist umsonst, draußen und jedes Wochenende werden Park und DJ gewechselt, so dass am Ende jeder der größeren Parks Dortmunds bespielt worden ist. So kann jeden Samstag von 14.00 bis 22.00 Uhr auf einer

anderen Wiese getanzt werden. Oder du legst dich einfach hin, genießt die Sonne und lässt dich von der Musik treiben. Und wenn du ausgeruht bist, kannst du bei Slacklining, Disc-Golf und anderen Aktivitäten wieder auf Touren kommen. www.djpicknick.de

Uni Sommerfest

Beim Uni Sommerfest der TU Dortmund lockt ein breit gefächertes Angebot aus Musik, internationalen Spezialitäten und Spielen. Die einzelnen Fakultäten präsentieren sich mit Mitmach-Aktionen, Cocktails, Infoständen und, und, und. Häufig werden die Einnahmen gespendet – du tust also auch noch was Gutes, wenn du dir eine der Leckereien schmecken lässt. www.tu-dortmund.de

--> Veranstaltungen

Lichterfest im Westfalenpark

Im August öffnet der Westfalenpark seine Tore zum großen Lichterfest. Nach Einbruch der Dunkelheit pilgern tausende Menschen in den Park, um das bunte Lichtermeer aus Lampions und Kerzen zu bestaunen, das sich in den kleinen Seen spiegelt. Die verzweigte Parklandschaft ist wirklich die perfekte Kulisse für einen romantischen Abend. Hier und da wird Livemusik gespielt und es gibt zahlreiche Essensstände, bei denen Anstehen garantiert ist. Den Abschluss bildet ein großes Feuerwerk zu klassischen Klängen an der Seebühne. Eintritt: 10 Euro. www.westfalenpark.dortmund.de

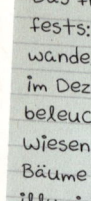

Das frostige Pendant des Lichterfests: Beim **Winterleuchten** verwandelt sich der Westfalenpark im Dezember und Januar in ein beleuchtetes Wunderland. Auf den Wiesen stehen Leuchtobjekte, Bäume werden mit Lichtspielen illuminiert und über das Wasser gleiten bunte Animationen. Das obligatorische Abschlussfeuerwerk fehlt logischerweise auch nicht.

--> Saisonhighlights

Kirmes & Volksfeste

Von der Riesen-Kirmes bis zum Oktoberfest hat Dortmund alle möglichen Großspektakel im Programm. Wenn du Fan von Autoscooter, Breakdance, gebrannten Mandeln und Paradiesäpfeln bist, hast du über das Jahr verteilt doch einiges zu erledigen:

Kirmes in Dortmund

Die **Osterkirmes** auf dem Ebertplatz in der Nordstadt ist nicht nur die größte Osterkirmes Dortmunds, sondern des gesamten Ruhrgebiets. Zwei Wochen lang versorgt sie ihre Besucher mit jeder Menge Buden und Attraktionen. Mittwochs ist Familientag, da gibt es das Fahrvergnügen zum halben Preis. Und an zwei Samstagabenden macht die Kirmes mit einem Feuerwerk auf sich aufmerksam.

Daneben gibt es viele kleinere Kirmes-Veranstaltungen, die in den Sommermonaten die Vororte bereichern. An Pfingsten locken gleich zwei an einem Wochenende: Du kannst entweder in **Huckarde** oder auf der **Hohensyburg** auf deine Kosten kommen. Anfang Juli gibt es eine Kirmes in **Bodelschwingh** und Anfang August steigt in Eving die **Kohlenkirmes**. Und ist diese schließlich vorbei, geht's direkt weiter mit der **Bartholomäuskirmes** in Lütgendortmund. Zu guter Letzt ist es dann Anfang September Zeit für den **Aplerbecker Apfelmarkt**. www.rote-erde.de --> Kirmestermine

Cranger Kirmes

Möchtest du Dortmund mal verlassen und dich nicht nur auf den kleineren Vorortfesten herumtreiben, solltest du unbedingt einen Besuch in Herne einplanen. Im Herner Stadtteil Crange findet jedes Jahr ab der ersten Augustwoche zehn Tage lang die Cranger Kirmes statt, eines der größten Volksfeste Deutschlands. Genau genommen ist es sogar das zweitgrößte nach dem Münchner Oktoberfest. Hier gibt es unzählige Fahrgeschäfte – für Mutige, für Wasserratten, für

die Kleinen und für Höhen-
süchtige. Ein Partyzelt in
der Mitte bietet Unterhaltung mit Gesang und
Shows und drum herum
locken allerlei kulinarische
Köstlichkeiten.
www.cranger-kirmes.de

Dortmunder Oktoberfest

Nicht nur München hat ein Oktoberfest, auch im Dortmunder
Revierpark Wischlingen (Höfkerstr. 12) hast du die Möglichkeit,
Ende September Bierzeltatmosphäre zu schnuppern. Zusammen mit
Schlager-Stimmungskanonen wie Olaf Henning oder Mickie Krause
kannst du eine Woche lang den Klischee-Bayer in dir rauslassen,
dein Dirndl bzw. deine Lederhose ausführen und dazu Kronen-Fest-
bier (Dortmunder Bier muss schon sein) genießen.
www.das-dortmunder-oktoberfest.de

Historisches & Mittelaltermärkte

Wenn dir Kirmes dann doch zu laut oder zu voll sein sollte oder du
einfach keine Lust mehr auf Fahrgeschäfte hast, dann schau doch
mal auf einem der Mittelaltermärkte vorbei:

Spectaculum

Der größte ist das im Frühling stattfindende Mittelalterlich Phantasie Spectaculum im Fredenbaumpark. Mit
Gelage, Gauklervorführungen, Ritter-
spielen und allerlei unterschiedlichen
Kostümen kannst du hier durchaus

einen ganzen Tag verbringen. Das solltest du auch deshalb ins Auge fassen, weil der Eintritt nicht gerade billig ist. www.spectaculum.de

--> Termine --> Dortmund

Osterspektakel

Ein wenig günstiger kannst du dich mitten in das Osterspektakel an der Hohensyburg werfen. In toller Lage, umgeben von der historischen Burganlage der Syburg, präsentiert auch dieses Festival alles, was zum mittelalterlichen Leben gehört.

Mengeder Gaudium

Wenn du gar nichts bezahlen, sondern nur mal gucken möchtest, dann ist das Mengeder Gaudium etwas für dich. Es findet an vier Tagen im Frühsommer im von Bäumen gesäumten Volksgarten Mengede (Eckei 96) statt. Es ist etwas kleiner als die anderen, hat aber trotzdem alles, was ein mittelalterliches Städtchen ausmacht: Handwerker, Spielleute, Händler, eine Raubvogelshow sowie Speis und Trank. Was will der Mittelalterfan mehr? www.mengeder-gaudium.de

Hansamarkt

Ende Oktober/Anfang November präsentiert sich auch die City mittelalterlich: Fünf Tage lang werden Alter Markt, Reinoldikirchplatz und die Kleppingstraße zum Schauplatz für den Hansemarkt. Musiker und Gaukler versetzen dich jählings in alte zeyten zurück. Lass dich an den Markständen vorbeitreiben, bejuble deinen Lieblingritter, koste ein Glas Met, beobachte die Handwerker oder probiere selber etwas aus. Eine Feuershow und ein verkaufsoffener Sonntag runden das Spektakel ab. www.hansemarkt-dortmund.de

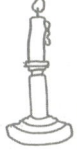

Dortmund endlich

Dortmund endlich

endlich

endlich

Musikfestivals

Juicy Beats

Bei Dortmunds größtem Open Air-Festival, dem zweitägigen Juicy Beats, trifft man sich Ende Juli im Westfalenpark zum Feiern und Musikhören. Auf den über den Park verteilten Bühnen geben internationale und regionale Künstler einen Mix aus Hip-Hop, Electro, Indie und Ähnlichem zum Besten. Wenn du eine bestimmte Band suchst, folgst du einfach den Orangen, Bananen oder Wassermelonen – so sind die Locations nämlich benannt. Ab 22.00 Uhr öffnen dann die Floors und laden zum Tanz ein. www.juicybeats.net

Ruhr Reggae Summer

Jedes Jahr im Mai oder Anfang Juni kannst du im Revierpark Wischlingen das Ruhr Reggae Summer Festival besuchen. Hier bist du richtig, wenn du – wie sollte es anders sein – gerne Reggae magst und die Crème de la Crème des deutschen Reggae hören und sehen möchtest. Falls du die Party in Dortmund verpassen solltest: In Mülheim gibt es direkt einen Monat später den zweiten Teil, etwas größer sogar, da Dortmund nur ein Ableger dieses Festivals ist. www.ruhr-reggae-summer.de

Mayday

Eines der bekanntesten Festivals dürfte die Party sein, zu der schon seit 1993 Raver aus allen Himmelsrichtungen angereist kommen,

um in der Westfalenhalle auf fünf großen Floors 15 Stunden durchzutanzen: Die Mayday. Vom Abend des 30. April bis zum Mittag des 1. Mai treffen sich hier Freunde der elektronischen Musik und gehen kollektiv zu den Klängen bekannter DJs ab. www.mayday.de

Pollerwiesen

Auch beim Pollerwiesen im Revierpark Wischlingen kommen Fans der elektronischen Tanzmusik auf ihre Kosten. Auf mehreren Bühnen zeigen am Pfingstwochenende diverse DJs ihre Fertigkeiten und bringen definitiv alle zum Tanzen. Wer hier stillsteht, ist selber schuld. www.pollerwiesen.org

KlangVokal Musikfestival

Im Frühsommer locken mehrere Spielstätten der Stadt zum einmonatigen KlangVokal. In Theatern, Kaufhäusern, Kirchen oder auch mal in der U-Bahn kannst du alles hören, was mit Gesang zu tun hat: Vom deutschen Opernchor über fernöstliche Ensembles bis zur Pop-Band steht hier die mundgemachte Musik im Mittelpunkt.

Wichtiger Teil des Festivals ist das „Fest der Chöre", bei dem sich die Innenstadt in eine Simultan-Bühnenlandschaft verwandelt. Du kannst dich ziellos von Konzert zu Konzert treiben lassen und am Festivalsamstag startet eine gigantische Mitsing-Aktion. www.klangvokal-dortmund.de

Dortmund

endlich

endlich

Dortmund

endlich

Micro!Festival

Das Micro!Festival, ein internationales Weltmusik- und Straßentheater-Festival, präsentiert jedes Jahr zum Ende der Sommerferien eine bunte Mischung aus Musik und Theater. An einem langen Wochenende wird der Friedensplatz zur multikulturellen Begegnungsstätte, bei der von Comedy über Artistik, Tanz, Gesang und Theater alles vertreten ist, was irgendwie in den Bereich der Kultur gehört. www.kulturbuero.dortmund.de --> Festivals
--> Micro!Festival

Syndicate

Die Ende September/Anfang Oktober in den Westfalenhallen stattfindende „Syndicate Ambassadors in Harder Styles" spricht Fans der elektronischen Musik an, jedoch sollte dein Musikgeschmack schon eher in Richtung Hardtechno, Hardstyle oder Industrial gehen. Zwischen 20.00 und 7.00 Uhr morgens darf hier bei einem der größten Festivals der Szene auf vier Floors getanzt werden. www.syndicate-festival.de
--> Syndicate

Way Back When

Als Subkultur-Festival versteht sich das Indoor-Festival Way Back When, das im Frühsommer an drei Dortmunder Spielstätten (Domicil, Pauluskirche, FZW) veranstaltet wird. Hier treten nicht die großen Stars auf, stattdessen kannst du jede Menge noch unbekannte Musiker für dich entdecken. Die kommen aber aus der ganzen Welt nach Dortmund und haben Indie-, Singer-Songwriter- und Elektroklänge im Gepäck. www.waybackwhen.de

Jazztage Dortmund

Jedes Jahr im November bringen die Jazztage Dortmund im Domicil deine Füße zum Mitwippen, wenn du dem gebotenen traditionellen, experimentellen oder tanzbaren Jazz lauschst. Die Bigbands, Solomusiker, Combos, Elektro-DJs und Sänger kommen mal aus Dortmund, mal vom anderen Ende der Welt – auf jeden Fall grooven sie, was das Zeug hält. www.domicil-dortmund.de

--> Programm
--> Jazztage Dortmund

Bochum total

Zwar nicht in Dortmund, aber im nahen Bochumer Bermudadreieck hält jedes Jahr am ersten Juli-Wochenende das Open-Air-Festival Bochum Total Einzug. Möchtest du gratis angesagte Bands und Poeten sehen oder lieber einen noch recht unbekannten Künstler?

Auf den vier riesigen Bühnen findest du bestimmt etwas nach deinem Geschmack – denn das vielgelobte Programm erstreckt sich von Jazz bis Hardrock. Manchmal muss man sich zwar durchdrängeln (wenn es nicht gerade regnet), aber das gehört bei einem Festival eben dazu. Ein Freiluftkino und Partys runden das Spektakel ab. www.bochum-total.de

Zeltfestival Ruhr

Wenn es dir noch nicht reicht mit Konzerten, Partys, Marktständen und Essen und du das ganze am liebsten noch mit einem schönen Ausflug verbinden möchtest, dann solltest du unbedingt beim Zeltfestival Ruhr vorbeischauen. Das Musikfestival findet jeden Sommer direkt am Kemnader See im Süden von Bochum statt, also an einem höchst beliebten Ausflugsziel.

Drei Wochen lang geben sich hier einige der angesagtesten Bands und Kabarettisten die Klinke in die Hand. Auf einem Kunsthandwerkermarkt bieten Künstler und Designer ihre Waren feil und auf

dem größten Open-Air-Restaurant des Ruhrgebiets kannst du dir etwas Leckeres schmecken lassen. Der Eintritt aufs Festivalgelände kostet 3 Euro, Konzerte und Comedyauftritte werden extra bezahlt. Ist dir das zu viel, kannst du dich natürlich einfach nur an den See setzen, den Klängen lauschen und den Trubel auf dich wirken lassen. www.zeltfestivalruhr.de

Kulturfestivals

ExtraSchicht

Bist du fasziniert von alten Industriedenkmälern oder fragst du dich, warum die alten Teile nicht einfach abgerissen werden? So oder so solltest du dir die ExtraSchicht im Juni auf keinen Fall entgehen lassen. Mit einem einzigen Ticket kannst du einen ganzen Abend lang von 18.00 bis 2.00 Uhr per Shuttlebus zu verschiedenen Orten der Industriekultur im kompletten Ruhrgebiet fahren und an Veranstaltungen und Kurzführungen teilnehmen.

Jeder Standort bietet etwas Einzigartiges, sei es eine Feuershow, Lichtillumination, Verkostung oder Kabarettvorstellung. Und dabei kommst du weit über Dortmund hinaus, denn die „Nacht der Industriekultur" führt bis Oberhausen, Duisburg, Essen …
www.extraschicht.de

Dortmunder Museumsnacht

In der Dortmunder Museumsnacht öffnen Ende September alle Dortmunder Museen ihre Türen, zeigen neueste Ausstellungen und bieten ein umfangreiches Programm. Es erwarten dich Musik, Laser- und Feuershows, Kabaretteinlagen und Action Painting und natürlich auch ausreichend Angebote für das leibliche Wohl. Zwischen 16.00 Uhr nachmittags und 2.00 Uhr nachts kannst du versuchen, dir so viel wie möglich anzuschauen, Eintritt wird nämlich nur einmal gezahlt. www.museumsnacht.dortmund.de

Hafenspaziergang

Beim Hafenspaziergang, der jedes Jahr im Sommer stattfindet, präsentieren sich Einrichtungen in der Nordstadt und im Hafenviertel und locken mit Musik, Kunst und Aktionen. Vom späten Nachmittag bis in die Morgenstunden kannst du hier alle möglichen Orte besuchen – von der Kirche über die Galerie und das alte Hafenamt bis zu Bars und Clubs. www.nordstadt-qm.de --> Aktivitäten
--> Hafenspaziergang

Favoriten – Festival der Freien Theater

Das Festival der Freien Theater, seit 2008 als Favoriten bekannt, wird als einer der renommiertesten Wettbewerbe der deutschen Off-Szene gehandelt und fördert die freie Theater- und Tanzszene in NRW. Alle zwei Jahre Ende Oktober ist Dortmund Treffpunkt für Theaterliebhaber. Gezeigt wird zeitgenössisches Theaterprogramm, das sich an Jung und Alt richtet, an Fachpublikum ebenso wie an dich, der du einfach mal wieder Theater gucken möchtest.
www.favoriten2014.de www.favoriten2016.de ...

TanzFolk

Das TanzFolk (Dietrich-Keuning-Haus, Leopoldstr. 50-58) lädt Jahr für Jahr Tanzbegeisterte ein, sich von internationalen Tanzgruppen

aus vielen verschiedenen Ländern inspirieren zu lassen. Die Gruppen präsentieren traditionelle Tänze ihrer Heimat und zwar mit Livemusik und internationalen kulinarischen Spezialitäten!
www.dkh.dortmund.de --> Veranstaltungskalender
--> Tanzfolk

Les.Art

Wenn du Interesse an aktueller Literatur an angesagten Orten hast, ist die Les.Art genau dein Ding. Jedes Jahr im Spätherbst lädt dieses Festival zu einem Mix aus deutschsprachiger Literatur in Zusammenspiel mit Musik, Performance und darstellender Kunst ein. Bemerkenswert sind definitiv die Locations: So wurden schon die Umkleidekabine der Kicker im Signal-Iduna-Park oder die Reinoldikirche zu Leseorten. www.lesart-festival.de

Filmfestivals

XXS Kurzfilmfestival

Das XXS Kurzfilmfestival findet alljährlich zur Herbstzeit statt. Vor den Augen von Jury und Zuschauern laufen im Schauspielhaus Dortmund ausgewählte Kurzfilme über die Leinwand. Bewerben können sich bekannte Filmemacher genauso wie Filmwirtschafts-Studenten oder Hobbyfilmer aus In- und Ausland. Und am Ende ist die große Preisverleihung! www.xxs-filmfestival.de

Internationales Frauenfilmfestival

Das Internationale Frauenfilmfestival Dortmund/Köln (IFFF) stellt jedes Jahr im April im Wechsel der Städte unter Beweis, welche Bedeutung Frauen in der Filmwelt haben, egal ob als Schauspielerinnen, Regisseurinnen, Kamerafrauen oder andere Crewmitglieder. Mit über 100 Filmen, Workshops, Partys und weiteren Events zählt das Festival zu den größten weltweit. www.frauenfilmfestival.eu

Dortmunder Tresen-Filmfestival

Das Dortmunder Tresen-Filmfestival ehrt die kleine Kneipe um die Ecke. Viele davon haben zwar Leinwände und große Bildschirme, jedoch werden die höchstens mal für BVB-Spiele genutzt. Aber an mehreren Tagen im Sommer läuft hier echte Filmkunst: Jeden Abend ist eine andere Kneipe dran, es gibt Bier und am Ende wählen die Zuschauer ihren Favoriten. www.dtff.de

Dortmunder Filmtag

Am Dortmunder Filmtag im Werkssaal der DSW21 (Von-den-Berken-Str. 10) werden jedes Jahr die besten nichtkommerziellen Filme NRWs gezeigt. Ins Programm schaffen es nur Streifen, die bereits auf Bundesfilmfestivals fünf oder mehr Medaillen errungen haben und somit als absolut sehenswert eingestuft wurden. www.filmklub-dortmund.de/filmtag

Und Karneval?

Ja, auch Karneval wird in Dortmund natürlich gefeiert. Zwar ist die Stadt keine Hochburg wie Düsseldorf oder Köln, aber man spürt schon die Nähe zu den anderen Städten. Auch hier gibt es das Wochenende über Karnevalspartys und zum krönenden Abschluss einen mehrere Stunden andauernden Umzug quer durch die Stadt. Hier wird Kamelle geworfen und Helau gerufen, bis auch der letzte Jeck nicht mehr kann. www.naerrischer-rat.de

Pakt mit dem

Lüdenscheid-Nord

Der BVB, die Seele der Stadt

Harte Schale – weicher Kern

Harte S

graue Stadt

Reinold

endlich!

Das Geisterhaus Hörder Burg

Berg

Bergarbeiter und Stahlarbeiter

Harte Schale

Weicher Kern

De

Har

Mythen
Mythen
Mythen
Erzfeind Schalke
Lüdenscheid-Nord
Dortmund ist grau
BVB
fefferpotthast
eilige Reinold
Bergleute und Stahlarbeiter
Das Geisterhaus Hohensyburg
Der Stadtpatron
grau
Schale
kopfloser Reiter

Klar, auch wer noch nie im Leben in Dortmund oder dem Ruhrpott war, hat meist trotzdem ein bestimmtes Bild im Kopf: Was für Frankfurt der schnöde Mammon und für Düsseldorf die Schickeria, ist für Dortmund zweifelsohne die Kohle- und Stahlindustrie. Doch in Dortmund angekommen, merkst du schnell: Die Stadt hat mehr zu bieten als Kohlecharme und Industriekultur. Damit du als Neuling mit den Dortmund-Klischees also bald aufräumen kannst, sind hier ein paar Vorurteile und Eigenarten, Mythen und Geschichten über die Stadt und ihre Bewohner, die du kennen solltest.

Dortmund ist grau

Zugegeben, an eine grüne Stadt denken beim Wort „Dortmund" die Wenigsten. Dann doch schon eher an kohlenrußgeschwärzte Fassaden und grauen Stahl. Zum Glück hat Dortmund aber viel mehr zu bieten, als sein Grau-in-Grau-Image vermuten lässt! Zwar erinnern stillgelegte Hochöfen in der Dortmunder Skyline auch heute noch an die Bergbauvergangenheit der Stadt, das Erscheinungsbild hat sich ansonsten aber sehr gewandelt.

Revierpark Wischlingen

Mit über 50 % Grünfläche, das sind 18.500 Fußballfelder in der Größe des Westfalenstadions, ist Dortmund ganz und gar nicht grau. Du hast die Wahl zwischen Wäldern, Feldern, renaturierten Bächen, umgestalteten Bahntrassen und vielen Parks – auch in und nahe der Innenstadt. Um dort möglichst schnell hinzukommen, führt die B1 als Hauptschlagader des Ruhrgebiets quer durch Dortmund – und sogar die kommt auf dem Dortmunder Stadtgebiet als grüne Allee daher. Nur der Asphalt, der bleibt weiterhin grau.

Eine Stadt voller Bergleute und Stahlarbeiter

Das graue Bergbau-Bild Dortmunds klebt nicht nur an der Stadt selbst, sondern auch auch an ihren Bewohnern. Doch ebenso wie das graue Dortmund zu einem grünen wurde, hat sich auch die Bevölkerung verändert. Klar, wenn du auf einen alteingesessenen Dortmunder triffst, ist die Wahrscheinlichkeit hoch, dass du es tatsächlich mit einem echten Bergarbeiter zu tun hast, der früher zum Malochen unter Tage gefahren ist oder bei Hoesch täglich Stahl gegossen hat. Aber seit etlichen Jahren lautet hier das Zauberwort „Strukturwandel".

Zeche Minister Stein

Auch in Dortmund hat sich zunächst der Dienstleistungs- und schnell auch der Informationssektor durchgesetzt. 1987 wurde mit der Zeche Minister Stein das letzte Bergwerk stillgelegt. Dafür haben sich beispielsweise im Technologiezentrum Unternehmen aus allen erdenklichen Branchen angesiedelt – Nanotechnologie ist ebenso vertreten wie Fertigungstechnik oder Biomedizin.

Zeche Zollern

Trotzdem ist Dortmund stolz auf seine Bergbauvergangenheit und bemüht sich, die Erinnerungen daran aufrechtzuerhalten. Zum Beispiel durch die Route Industriekultur. In diesem Sinne: Glück auf!

--> Mehr zur Route Industriekultur findest du in „Sommer", S. 135 und in „Besuch?", S. 193/194

Dortmund   Dortmund   endlich
endlich   endlich   endlich

Harte Schale – weicher Kern

Dortmunder gelten als hart, aber herzlich und das lässt sich uneingeschränkt unterschreiben. In der Regel sind die Dortmunder offene und interessierte Zeitgenossen. Sie sind aber auch sehr direkt und geradlinig und nehmen nur selten ein Blatt vor den Mund: Wenn einem Dortmunder etwas nicht passt, dann sagt er das! Dem ungeübten Hörer kann es passieren, dass er eine ruppige Äußerung viel unfreundlicher auffasst, als sie eigentlich gemeint war. Denn ironische, mit einem Augenzwinkern versehene Bemerkungen von Kellnern der Brauhäuser auf dem Alten Markt sind nicht unbedingt  von einem Lächeln begleitet und eigentlich nett gemeinte Hinweise von Wildfremden („Hömma, dat musse SO tun, sons is dat scheiße!") klingen auch schon mal grober als gemeint.

Doch eines muss man den Dortmundern lassen: Sie haben das Herz am rechten Fleck. Und wenn du einfach genauso ruppig antwortest, gehörst du direkt dazu.

Pfefferpotthast – Das Dortmunder Stadtgericht

Jedes Jahr im Herbst steigt auf dem Alten Markt das Pfefferpotthastfest. Diese Feier rund um das Dortmunder Stadtgericht erinnert an eine Begebenheit im Mittelalter, als Dortmund beinahe eine herbe Niederlage erlitten hätte:

Agnes von der Vierbecke war zwar Dortmunderin, hatte aber einen Freund in der feindlichen Mark. Und der hatte sie offenbar gut in der Hand, denn er konnte sie zu einem gemeinen Plan überreden: Durch eine List versuchte sie, bewaffnete Truppen eines märkischen Grafen in ihre eigene, stark befestigte Stadt zu schleusen. Sie versteckte einige Soldaten in einem Heuwagen und fuhr diesen mit einer Ladung Holz zum Wißstraßenturm. Dort blockierte sie mit dem Wagen das äußere der beiden Doppeltore und überredete den

Torwächter, ihr Pfefferpotthast zu holen. Als der Wächter seinen Posten verließ, sollte der Sturm auf die Stadt beginnen. Doch das innere Tor war geschlossen, die Dortmunder wurden auf den Angriff aufmerksam und erschlugen die Feinde kurzerhand. Seitdem gilt Pfefferpotthast als Stadtgericht und wird jährlich zu Herbstbeginn fünf Tage lang gefeiert.

Was ist Pfefferpotthast überhaupt? --> siehe „Feste & Festivals", S. 223

Der Stadtpatron und seine Kirche

Ein Kölscher Jung als Stadtpatron Dortmunds? Die Namensgebung der **St.-Reinoldi-Kirche**, die im Herzen der Innenstadt steht, geht auf den Heiligen Reinold aus Köln zurück. Der strebsame Reinold wirkte so eifrig und pedantisch am Bau des Kölner Doms mit, dass er wohl von verärgerten Kollegen getötet wurde.

Das ist aber auch schon alles, was man mit einiger Sicherheit weiß. Seine Vita beruht hauptsächlich auf Sagen und Legenden in vielfältiger Auslegung. Wie zum Beispiel, dass seine Bestattung in Köln nicht möglich war, weil sich der Wagen mit seinem Leichnam von alleine in Bewegung setzte und erst knapp 100 km weiter in Dortmund wieder zum Stehen kam. Genau an dieser Stelle sollen die Dortmunder ihm zu Ehren daraufhin die Reinoldikirche errichtet haben.

Eine hübsche Geschichte, über deren Wahrheitsgehalt du am besten selbst urteilst. Im 11. Jahrhundert wurde Reinold von den Dortmundern jedenfalls zum Stadtpatron ernannt und ist es bis heute.

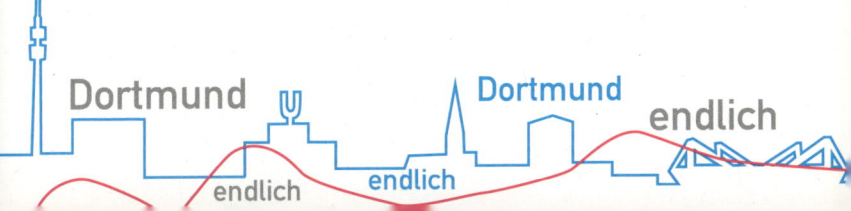

Das Geisterhaus Hohensyburg

Nahe der Ruine der Hohensyburg sollen sich in den blutenden Wänden eines alten, leerstehenden Wohnhauses viele übersinnliche und gruselige Gestalten getummelt haben: Von kopflosen Reitern bis zu toten Pfarrern und Kindern wird berichtet. Und auch um das Grundstück ranken sich zahllose Legenden: In Erwartung eines Angriffs auf die Hohensyburg soll der Burgherr einen Teil seines Heeres auf dem nahen Friedhof postiert haben. Zur Absicherung schloss er zudem mit dem Teufel einen Pakt: Für einen Sieg über die Angreifer versprach er diesem seine Seele. Als er davon später zurücktrat, lockte der wütende Teufel das verbleibende Heer in der Nacht auf den Friedhof. In der Dunkelheit hielten die hier wartenden Truppen die eigenen Männer für die Angreifer und töteten sie. Kein gutes Omen für das Wohnhaus, das später an diesem Ort errichtet wurde – und kein Wunder, dass die Schauergeschichten nicht abreißen.

Dazu gehört nicht nur, dass die damals getöteten Soldaten kopflos umherspuken, sondern auch, dass im Haus wohnende Kinder auf dem Schulweg von einem Bus überfahren wurden, ein Pfarrer dort bei einem Amoklauf seine Familie tötete und im Haus lebende Nonnen auf rätselhafte und qualvolle Weise gestorben sein sollen. Dass regelmäßig jegliche Technik auf dem Gelände ausfällt, bestätigen auch verschiedene Journalisten. Das Spukhaus schaffte es sogar in die RTL2-Sendung „X-Factor" und in die Liste der zehn gruseligsten Orte Europas in „Welt der Wunder".

Wegen Einsturzgefahr musste das Geisterhaus 2009 abgerissen werden. Wenn du den Ort des Grauens dennoch besuchen willst, findest du das verwunschene Grundstück unter den Koordinaten: 51° 25' 43.33'' N, 7° 29' 37.92'' E. Getreu dem Motto: Etwas hat überlebt!

Der BVB: Die Seele der Stadt

„Dortmund ist durch den ganzen Kohlenstaub doch immer noch schwarz ...!" Schwarz? Stimmt – aber nur zur einen Hälfte. Die andere Hälfte ist gelb, denn Dortmund ist fest in der Hand des BVB. Sobald ein Spiel ansteht, spürst du eine unsichtbare Elektrizität, hörst in allen Straßen dieselben Themen, untermalt von einer leisen, freudigen Nervosität. In den Fußgängerzonen wünschen die Einzelhändler in ihren Schaufenstern der Mannschaft Glück und in den Brunnen sprudelt bisweilen sogar gelb gefärbtes Wasser.

WG-Besichtigung an einem Samstag? Deine künftigen Mitbewohner würden wahrscheinlich große, verständnislose Augen machen: „Wie, is' doch Samstag!" Frag dann bloß nicht, ob sie zum Spiel in den Signal-Iduna-Park gehen! „Wat? Wohin?" Deine Chancen im WG-Casting würden abrupt schrumpfen, denn waschechte Dortmunder nennen die Heimatstätte ihres BVB konsequent Westfalenstadion. Tradition wird schließlich groß geschrieben und als Arbeiterverein, dessen Spieler früher in Brauereien und Zechen gearbeitet haben, verbindet der BVB auch heute noch die Dortmunder.

Hörst du auffallend oft die Worte „Verbotene Stadt", „Herne West" oder „die Blauen", dann ist Derby-Zeit! Den echten Namen der Gelsenkirchener Erzfeinde, Schalke 04, wirst du in Dortmund kaum jemals zu hören bekommen. Also besser, du hast die gebräuchlichsten Synonyme direkt selbst zur Hand. Umgekehrt wird der BVB von den Schalke-Fans übrigens gerne „Lüdenscheid-Nord" genannt.

Am besten schaust du dir das Spektakel mal selbst an. Setz dich an einem sonnigen Spieltag auf den Alten Markt und lass bei einem Bier alles auf dich zukommen. Ob du willst oder nicht – du wirst dich dem BVB nicht entziehen können, denn das ist eben Dortmund!

Dortmund

Dortmund
endlich
endlich
endlich

asterfrau
Teufels Treiben
Balko
Schlanke Mathilde
Grappa
Teufels Treiben
Rasterfrau
Schlanke Mathilde
Teufels Treiben
rappa
Dunkellicht
ie geheimnisvolle Frau hinter de
Rasterfrau

Dortmund
fiktiv

fiktiv

fiktiv
fiktiv

Bang Boom Ban

Die geheimnisvolle Frau hinter de

Schlanke Mathilde
Rasterfrau

pa

Ban *Rasterfrau* Teufels eiben

Dunkellicht

Bang Boom Bang

Zäunen

Falls dir das reale Dortmund doch mal zu öde sein sollte, bleibt dir immer noch das fiktive Gegenstück. Egal ob in Film und Fernsehen oder für Leseratten in Buchform – hier wird es garantiert nicht langweilig! Du hast die Wahl zwischen Ruhrgebiets-Komödien, spannenden Mordfällen und sogar einer kriminalistisch tätigen Jugendbande. Die Ruhrmetropole wird sich dir von ganz neuen Seiten präsentieren. Willkommen im fiktiven Dortmund!

Dortmund zum Schmökern

Krimis

Gabriella Wollenhaupt – Grappa-Krimis (Grafit)

© Grafit

Die Journalistin Maria Grappa ermittelt in Bierstadt (!) in verschiedensten Kreisen auf ihre ganz eigene Art. Dabei rutscht sie natürlich immer ganz zufällig in ihre Fälle. Die Besonderheit bei dieser Reihe ist wohl die unverkennbare Nähe zu Dortmund und den Persönlichkeiten der Stadt. Und das, obwohl jede Ausgabe beteuert, dass Ähnlichkeiten zwischen real existierenden Personen und den Personen in der Geschichte rein zufällig seien …

Heinrich Peuckmann – Völkel-Krimis (Lychatz)

Heinrich Peuckmann lässt seine Liebe zu Westfalen immer wieder in seine Romane um den pensionierten Dortmunder Kommissar Bernhard Völkel einfließen. Zum Beispiel verschlägt es Völkel in die Welt der Reichen und Mächtigen der Landeshauptstadt Düsseldorf. Zwei Welten prallen aufeinander. Doch Peuckmann versteht es hierbei hervorragend, die unterschiedlichen Mentalitäten des Kommissars aus dem Pott und der Düsseldorfer Gesellschaft aufzuzeigen, ohne sich abgedroschener Klischees zu bedienen.

Klaus Erfmeyer – Knobel-Krimis (Gmeiner)

© Gmeiner

Der Junganwalt Stephan Knobel hat so seine privaten und beruflichen Probleme. Letztere haben natürlich – wie es sich für eine Krimi-Reihe gehört – hauptsächlich mit Morden und anderen großkriminellen Machenschaften zu tun. Die Geschichten warten mit Hintergrundinfos über die Stadt auf, die selbst eingesessenen Dortmundern bisweilen neu sind. Nicht-Juristen sollten sich aber keinesfalls von diesem „Anwaltskrimi" abschrecken lassen! Trotz juristischer Genauigkeit sind die Bücher auch für Laien eine spannende Angelegenheit, z. B. „Rasterfrau" von 2013.

Fantasy & Mystery

Veronika Kluge – Teufels Treiben (Kindle eBook)

Stell dir vor, dein ganzer Stadtteil findet sich eines Morgens im Mittelalter wieder. Bei einem sintflutartigen Regen wird das heutige Barop mit dem des Jahres 1387 vertauscht. Das muss Hexenwerk sein, denken die mittelalterlichen Bewohner der angrenzenden Bezirke. Und auch die Baroper des 14. Jahrhunderts verstehen im modernen Dortmund die Welt nicht mehr. Eine kreative Mischung aus Fantasy und historischem Roman.

Emmi Beck u. a. – Treffpunkt Schlanke Mathilde (Projekt)

Die Schlanke Mathilde ist das Wahrzeichen des Dortmunder Stadtteils Hörde. Hier versucht der junge Alex, die Geheimnisse eines mysteriösen, plötzlich aufgetauchten Amerikaners aufzudecken.

Dabei macht der Leser kleine (Zeit-)Reisen in das alte Hörde der Stahlverarbeitung und durch das neue Hörde in Zeiten des Phoenix-Sees. Spannende Mystery und kleine Geschichtsstunde in einem!

© Papierverzierer

Martin Ulmer – Dunkellicht (Papierverzierer)

Fantasy vom Feinsten in Dortmund! Die Bruderschaften des Lichts und der Dunkelheit haben ein Friedensabkommen geschlossen. Als mehrere Mitglieder spurlos verschwinden, versucht das Ordensmitglied Johannes Sturm mithilfe eines mysteriösen Buches den Geschehnissen auf den Grund zu gehen. Doch dieses Buch muss erst mal gefunden werden. Und dann ist da auch noch das ominöse Büro 13, das die Verfolgung aufgenommen hat. Der erste Teil einer Trilogie, die Realität und Fantasie gekonnt vermischt.

Bernd Gieseking – Die Yurumi-Gang (Books on Demand / DSW21)

In dieser Ruhr-Kult-Reihe geht es um drei Dortmunder Kinder auf Verbrecherjagd. Mit viel Witz erfährst du hier einiges über die Ruhrmetropole. Und was soll dieser komische Name? Ganz einfach: Yurumi ist das indianische Wort für Ameisenbär. Die drei haben nämlich eine Patenschaft für die Ameisenbärin Sandra im Dortmunder Zoo (die gibt es übrigens wirklich) übernommen. Seit 10 Jahren gehören die Geschichten rund um die Abenteurer Maradonna, Musti und Doktor nun schon zu Dortmund und sind nicht mehr wegzudenken.

Die Geschichten der Ruhr-Fragezeichen gibt's übrigens als Hörspiele und in geschriebener Form. Du kannst sie entweder kostenlos auf der Homepage downloaden oder die optisch schönere Version als CD und Hardcover-Buch beispielsweise an der Kasse des Zoos zu

fairen Preisen kaufen. In der Hörfassung sprechen einige Figuren – verkörpert von Dortmunder Persönlichkeiten wie Fritz Eckenga – ein fast beneidenswertes Ruhrdeutsch! www.yurumi-gang.de

© Brockmeyer

Paul Tobias Dahlmann – Verwegen wie Bochumer Bögen (Brockmeyer)

Nein, nicht in Bochum, sondern in Dortmund spielt dieser historische Roman. Genauer gesagt im mittelalterlichen Dortmund des Jahres 1388. Witzig, rasant und keinesfalls langweilig erfährst du die Geschichte zur Entstehung des Bochumer Maiabendfestes. Natürlich wird das Ganze mit Fehden und Kämpfen untermalt, wie es sich für einen anständigen Mittelalter-Roman auch gehört.

Susanne Hans – Die geheimnisvolle Frau hinter den Zäunen (Frankfurter Literaturverlag)

Eine Norddeutsche lernt im Internet eine Frau kennen und verliebt sich. Sie verlässt daraufhin ihre Familie, zieht zu ihr nach Dortmund und erlebt glückliche, frisch verliebte Monate. Doch der Schein trügt. Nach und nach muss sie feststellen, dass die neue Partnerin ganz anders ist, als anfangs gedacht. Es beginnt ein Spiel auf Leben und Tod. Noch gruseliger: Der Roman beruht auf einer wahren Geschichte.

Dortmund auf der Mattscheibe

Der Ruhrpott und im Besonderen Dortmund sind der Schauplatz vieler TV- und Kinoproduktionen. Die mal mehr, mal weniger anspruchsvollen Werke haben das Bild Dortmunds in den deutschen

Dortmund   Dortmund   endlich
endlich   endlich

Köpfen über Jahre hinweg geprägt. Die wichtigsten und unterhalt-samsten Filme findest du hier:

Serien

Tatort (WDR)

Seit 2012 ist Dortmund Tatort-Stadt! Die einen lieben ihn, die anderen, nun ja ... kommen weniger mit ihm zurecht: Haupt-kommissar Peter Faber polarisiert! Sein dreiköpfiges Team ist nicht immer um den eigenwilligen Kollegen zu beneiden. Den-noch – wird ein Dortmunder Tatort gesen-det, sitzt die Stadt vorm Fernseher oder auch der Leinwand! Wo du dich dem Rudelgucken anschließen kannst, erfährst du im Kapitel „Sonntage". --> s. S. 181

© WDR/Markus Tedeskino

© Lighthouse Home Entertainment

Balko (RTL)

In 124 Episoden der humoristischen Kri-miserie jagen der lässige, draufgängeri-sche Polizist Balko und sein Kollege Klaus Krapp die Dortmunder Verbrecher, und zwar stets im schicken Oldtimer. Dass Balkos Vorname nie genannt wird, zieht sich ebenso als Running Gag durch alle Staffeln wie Krappis allgegenwärtige Mama, die aber kein einziges Mal gezeigt wird.

Filme

Gauner-Streifen

Ein Schnitzel für drei / Ein Schnitzel für alle (S.A.D. Home Entertainment)

Die Freunde Günther Kuballa und Wolfgang Krettek sind arbeitslos. Während der stets korrekte Wolfgang alle Anweisungen des Arbeitsamtes befolgt, will Tierpfleger Günther nur eins: Sich wieder um „seine" Robben im Dortmunder Zoo kümmern. Es kommt wie es kommen muss. Den beiden bietet sich die Gelegenheit, auf eher weniger legale Weise an Geld zu kommen. Wenn allerdings zwei herzensgute Männer einen kriminellen Coup planen, läuft natürlich nichts glatt. Herzlich und lustig!

Nie mehr zweite Liga (ARD Video)

Hopper, Sheriff und Diesel (gespielt vom Dortmunder Dietmar Bär) haben es nicht sehr weit gebracht. Als ein gemeinsamer Freund sich umbringt, finden sie bei ihm einen Haufen Dollarnoten, die sich im Freudentaumel rasch als Blüten entpuppen. Nach einem riskanten Tauschgeschäft werden sie überfallen und das echte Geld ist weg. Typischer Ruhrgebiets-Humor an einem Ruhrgebiets-Schauplatz mit Ruhrgebiets-Figuren und einem großartigen Dieter Pfaff (übrigens auch Dortmunder) als Ruhrgebiets-Mafiaboss.

Bang Boom Bang – Ein todsicheres Ding (Universum Film)

Kult! Frag irgendjemanden in Dortmund nach Bang Boom Bang – jeder wird dir etwas dazu sagen können. Ganze Schulklassen strömten ab 1999 in die Kinos, um den Film im Rahmen des Unterrichts zu sehen, ganz ohne Bezug zum Lehrplan. Einige Kinos zeigen den Film seitdem sogar noch immer regelmäßig! Dabei spielt er,

zugegeben, nur zum Teil in Dortmund und hauptsächlich im beschaulichen Unna, angrenzend an den Dortmunder Osten.

Inhaltlich ist der Film eine typische Ruhrgebietskomödie: Der Gauner Keek kommt in die Bredouille, als er feststellt, dass er fast die gesamte Beute aus einem Banküberfall auf den Kopf gehauen hat. Dabei steht die Hälfte seinem Gaunerkollegen Kalle zu, der gerade aus dem Gefängnis ausgebrochen ist und jetzt seinen Anteil fordert ...

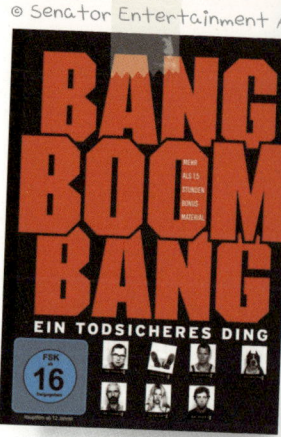

Die Abfahrer (Turbine Medien)

Die Handlung des Films aus den 1970er Jahren ist schnell erzählt: Im Dortmund des Strukturwandels fahren die Arbeitslosen Atze, Lutz und Sulli in einem gestohlenen LKW durch die Gegend. Abfahrer halt. Das Ruhrpott-Roadmovie lebt davon, dass es erzählt, wie einfach nichts passiert. Und genau das zeigt Adolf Winkelmanns Debut-Film unterhaltsam, authentisch, humorvoll, frisch und irgendwie echt.

Jede Menge Kohle (Alive)

Die Geschichte besteht aus dem Kontrast zwischen der Spießigkeit des Familienlebens und der Abenteuerlust eines Mitt-Zwanzigers, der spontan auf seiner Schicht unter Tage beschließt, aus seinem Leben auszubrechen und tagelang durch die Stollen wandert. Als er wiedergefunden wird, verliebt er sich neu, sieht sich aber trotzdem mit seinem alten Leben in Form eines abzuzahlenden Kredits konfrontiert.

Doppelpack (Universal Pictures)

Dortmund scheint – zumindest im Film – keine Hochburg von Genies zu sein. Auch hier spielen zwei klassische Loser die Hauptrolle. In Hangover-Manier wachen Hoffi und Lehmi nach einer durchzechten Nacht in einem Gehege des Dortmunder Zoos auf. Der Film begleitet die beiden „Helden" durch ihren Tag – in den Westpark, auf eine Party und ein Punk-Konzert. Viel passiert eigentlich nicht. Trotzdem liebenswert, lustig und Ruhrpott.

Dortmund endlich Dortmund endlich endlich endlich

Hömma! Salzkuchen

rubbeldiekatz

malochen Heiopei

Bude

bolzen

§§

bolzen

§§

Sprachregeln und nützliche Vokabeln

beldiekatz
malochen
Hömma!
rubbeldiekatz
Heiopei
Bude
Hömma!
bolzen
Heiopei
alochen
§
Salzkuchen
§
§
Salzkuchen
iopei
rubbeldiekatz
Bude
malochen
Bude
§
§
rubbeldiekatz

Dortmund ist eine alte Arbeiterstadt, oder besser: Malocherstadt. Und das hört man auch. Auf verschnörkelte Sprache oder Um-den-heißen-Brei-herum-Gerede wirst du hier nicht treffen. Die Ausdrucksweise ist direkt und ehrlich, zuweilen mit einer gewissen Portion Ironie. Gelegentlich mag das für Außenstehende etwas unhöflich klingen, aber keine Sorge, in den allerwenigsten Fällen ist es so gemeint! Wie für die Menschen gilt eben auch für die Sprache: harte Schale, weicher Kern.

Das in Dortmund gesprochene Ruhrdeutsch ist durchzogen von Begriffen aus dem Bergbau und Wörtern aus anderen Sprachen wie dem Polnischen oder Jiddischen. Wenn du Lust auf eine Kostprobe hast, sei dir der Besuch in einer Kleingartenanlage empfohlen. In den meisten gibt es eine kleine Gaststätte. Besucher sind gerne gesehen und fast alle Kleingärtner sprechen ein hervorragendes Ruhrdeutsch. Zum Mitreden gibt's hier schon mal die ersten Regeln:

Die wichtigsten Ausspracheregeln

 ### § 1 „-t" statt „-s"

„Was" oder „das" gibt es in Dortmund nicht – dat heißt „wat" und „dat". Wahlweise auch „watt" und „datt".

 ### § 2 „-pp" statt „-pf"

Auch ein „pf" ist dem Dortmunder gerne mal zu umständlich. Warum sollte man auch „Kopf" oder „hüpfen" sagen, wenn auch „Kopp" und „hüppen" verstanden wird?

 ### § 3 „-ch" statt „-g"

Wo es nur geht, wird das „g" durch „ch" ersetzt. Und das passiert sowohl am Ende eines Wortes, wie in „Tach", „Hamburch" oder

„Betruch", als auch am Silbenende in der Mitte eines Worts wie in „folchlich", „wechkippen" und „Berchfest".

§ 4 „r" vermeiden

Aus einem „r", das mitten im Wort steht, lässt sich gut ein „a" machen. Die Kirche wird zur „Kiache", Dortmund zu „Doatmund", Sport zu „Spoat". Doch auch „(e)r" am Ende wird gnadenlos eliminiert und so heißt es „eina" statt einer, „Wassa" statt Wasser oder „Messa" statt „Messer".

§ 5 Lange Vokale verkürzen

Lange Vokale werden in der Ruhrsprache oft verkürzt. Das bekannteste Beispiel ist wohl die „Omma" mit kurzem statt langem „o". Genauso heißt es „widda" statt „wieder", „Vatta" statt „Vater", „abba" statt „aber" oder „lilla" statt „lila".

§ 6 Wörter verkürzen und verschmelzen

In Dortmund kommt man gerne schnell zum Punkt und darum lässt man sich auch mit dem Sprechen nicht unnötig viel Zeit. So kommt es, dass Wörter sehr häufig verkürzt und zusammengezogen werden und dadurch Konstruktionen wie „wathattada gemacht?" (was hat er da gemacht?) entstehen. Bestes Beispiel und täglich zu hören: „Hömma". „Hör mal" ist doch einfach zu umständlich.

Allgemeine Grammatikregeln

§ 1 Kreativität bei den Präpositionen

Mit der Grammatik sieht man es in Dortmund nicht allzu eng und einige Formulierungen werden dir möglicherweise zunächst merkwürdig erscheinen. Den Unterschied zwischen „zu" und „nach"

kennt man in Dortmund nicht unbedingt – „nach" reicht eigentlich auch völlig aus! Der Dortmunder geht also genauso „nachm Stadion" oder „nache Bude" wie „nach Jens" oder „nache Omma". Insbesondere für Personen benutzt man statt „nach" oft auch „bei" – gerne sogar verdoppelt: „Komma bei die Mamma bei".

§ 2 Wer braucht schon den Genitiv?

Wenn du über die Freundin deines Nachbarn Otto sprichst, versteht man dich sicher auch, wenn du „Ottos Freundin" sagst. Wundere dich aber nicht, wenn du statt des Genitivs Dativ- und Akkusativkonstruktionen wie „dem (oder den) Otto seine Freundin" hörst. Das lässt sich beliebig fortführen: Der Hund der Freundin ist ganz einfach zu beschreiben mit: „Dem Otto seine Freundin ihr Hund". Und dessen Hundeleine heißt … na, du weißt schon. Ganz einfach, oder?

§ 3 Auch der Dativ wird überbewertet

Wie war das nochmal mit dem Dativ? Völlig egal, mit den Fällen nimmt man es hier nicht so genau. Benutze einfach den Akkusativ – der passt (fast) immer! Nur am Anfang klingen Sätze wie „Wat is denn mit die Karre?", „Dat gehört den Kerl da!" oder „Wat hasse mit die Kurze gemacht?" komisch. Spätestens nach dem dritten Feierabendbier bist du dankbar für diese grammatische Modifikation.

§ 4 Verlaufsform

Das Verb ersetzt man im Ruhrgebiet gerne durch eine Verlaufsform. Die bildet man mit einer Form von „sein", der Präposition „am" und dem substantivierten Infinitiv. Der ein oder andere setzt zusätzlich noch ein „dran" dahinter. Man sagt also nicht einfach „Papa kocht", sondern es heißt: „Papa is am Kochen (dran)". Statt „Ich sehe fern" sagt man folgerichtig: „Ich bin am Fernsehn (dran)" Und „Es schneit" wird zu „Et is am Schnein (dran)".

Vokabeln für den Alltag

Vokabeln für den Alltag

Altobelli!	Ausruf des Erstaunens
Blagen	Kinder
bolzen	Fußball spielen, ggf. ohne feste Regeln
Buchse	Hose
Bude	Trinkhalle, Kiosk
ette	sie (Personalpronomen)
Fisimatenten machen	Unsinn, Blödsinn machen
Fiese Möpp	Unhold, unangenehmer Mensch
Furzmulde	Bett
gezz	jetzt
Hejopei	Trottel, unzuverlässige Person
Herne West/Verbotene Stadt	Gelsenkirchen (Erzfeind des BVB)
Hömma!	Hör mal!
Ich kriech die Pimpanelln!	Ich werd' verrückt/bekloppt!
ker!	Mensch!, man!, ach! Verbalisiertes Kopfschütteln
kirre	verwirrt, verrückt
kumpel	Bezeichnung für einen Bergmann

Lass knacken!	Abschiedsgruß, Mach's gut!
malochen	arbeiten (Nicht nur körper- lich. Auch das Hausarbeiten- Schreiben ist harte Maloche)
Mottek	Hammer
nölen, knöttern	nörgeln, meckern
Penunsen	Geld
plästern	regnen
pöhlen	Fußball spielen
Pölter	Schlafanzug
Pütt	Kohlebergwerk, Zeche
Püttrologe	Bergarbeiter
rubbeldiekatz	schnell, schnellstens
stickum	heimlich, leise
usselich	unschön, ungepflegt
verkasematuckeln	jmd. auf den Arm nehmen, einen Streich spielen, oder: jmd. etwas erklären
woll?, wonnich?	nicht wahr?, ne?, oder?
wacka	schnell

kulinarisches

Stößchen	Bierglas, traditionell mit 0,1 l Fassungsvermögen, wird nach oben hin breiter und ist häufig nur an der Theke erhältlich
Salzkuchen	rundes Kümmelbrötchen mit Salz und einem Loch in der Mitte, traditionell mit Schweinemett und Zwiebeln serviert
Pfefferpotthast	traditionelles Dortmunder Schmorgericht, heute meist mit Rindfleisch zubereitet. Mit vielen Zwiebeln und pikant mit Pfeffer abgeschmeckt; Pott = Topf, Hast = gesottenes Fleisch
Ruhrpottcarpaccio	- oder ganz einfach „Currywurst". Die wurde hier zwar nicht erfunden, gehört aber zum Ruhrpott wie der Bergbau. Stilecht mit Pommes rot-weiß!
Panhas	westfälische Blutwurst mit Buchweizenmehl
Knifte	belegtes, zusammengeklapptes Brot (häufig für die Mittagspause)
Schnitte	belegte Brotscheibe
Bütterken	Butterbrot

Deine Dortmund-Notizen

Bildnachweis Titel:
Grafische Gestaltung: © rap verlag / www.gudrunbarthdesign.com
Foto: © Hannes Woidich, Dortmund

Bildnachweis Inhalt:
Die Bildrechte liegen beim Verlag. Abweichende Bildrechte:
S. 11, 12, 14–25, 26 oben, 27–33, 34 oben © rap verlag, Fotos: Ruven Hein; S. 13, 67 © rap verlag, Fotos: Carolin Terhorst; S. 26 © Igor Sokolov - Fotolia.com; S. 34 unten © Giraffen-Museum; S. 35–41, 43–57 © rap verlag, Fotos: Ruven Hein; S. 42 © Dortmunder Zoo, Stadt Dortmund; S. 61 unten © Igor Tarasov - Fotolia.com; S. 63 © AStA Fahrradwerkstatt; S. 66 © Nextbike; S. 74 © SuperBioMarkt; S. 75 © tan4ikk - Fotolia.com; S. 80 © Pott au Chocolat; S. 86 © CurryFan; S. 91 © Robert Kühne - Fotolia.com; S. 92 © Taberna Andaluza; S. 93 © Yaki Indoor BBQ; S. 96 © Chill'R; S. 97 © La cuisine Mario Kalweit; S. 98 © Palm-garden; S. 103 © Café Linus; S. 105 © Privatrösterei Witt; S. 106 © Pott au Chocolat; S. 107 © Brauereimuseum Dortmund; S. 108 © Bergmannbier-Kiosk, Foto: Benito Barajas; S. 109 © Platz an der Sonne; S. 110 © Bang Boomerang; S. 115 © Domicil, Foto: Kurt Rade; S. 116 © Balke; S. 121 oben © Kuhbar; S. 122 © Frooters; S. 126 © Seegesellschaft Haltern mbH; S. 127 © asafeliason - Fotolia.com; S. 128 © Tree2Tree GmbH, Foto: B. Kubick; S. 130, 132, 174 © rap verlag, Fotos: Ruven Hein; S. 133 © Dortmund-Agentur, Foto: Stefanie Klee-mann; S. 134 © Jürgen Fälchle - Fotolia.com; S. 135 © Stadt Dortmund, Foto: Anneke Wardenbach; S. 136 © Antonio Nardelli - Fotolia.com; S. 140 © Stadt Dortmund, Foto: Udo Bullerdieck; S. 141 © robert - Fotolia.com; S. 142 © Revierpark Wischlingen GmbH; S. 146 © Kegelcenter Dortmund; S. 147 © Stadt Dortmund, Foto: Anneke Wardenbach; S. 152 © Dortmund-Agentur, Foto: Stefanie Kleemann; S. 157 © Daddy Blatzheim; S. 158 © Cosmotopias Großmarktschänke; S. 169 © Schürmanns im Park; S. 170 © ComZeal - Fotolia.com; S. 171 © Café Linus; S. 175 © Stadt Dortmund, Foto: Anneke Wardenbach; S. 176 © Dortmunder Zoo, Stadt Dortmund; S. 177 © Dortmund-Agentur, Foto: Stefanie Kleemann; S. 178 © silentforce - Fotolia.com; S. 181 © Pauluskirche Dortmund, Foto: Oli-ver Schaper; S. 185–195, 201 © rap verlag, Fotos: Carolin Terhorst; S. 199 © Schauburg, Foto: Lea Althoff; S. 203 © Theater Olpketal, Foto: Isabella Thiel; S. 204 li. © Naturbühne Hohensyburg; S. 204 re. © Naturbühne Hohensyburg, Foto: Dieter Menne; S. 205 © Ruhr-HOCHdeutsch; S. 206 © StandOut (Geierabend); S. 207, 208 © Hannes Woidich, Dortmund; S. 209 © DASA, Foto: Harald Hoffmann; S. 210 © Stadt Dortmund, Foto: Anneke Warden-bach; S. 211 © Brauerei-Museum; S. 213 oben © Giraffen-Museum; S. 213 unten, 214 © Konzerthaus Dortmund, Fotos: Daniel Sumesgutner; S. 214 © Domicil, Foto: Kurt Rade; S. 216 © Westfalenhallen Dortmund GmbH; S. 218 © WortLautRuhr; S. 222 © Dortmund-Agentur, Foto: Anja Kudor; S. 226 © Summersounds DJ-Picknick; S. 228 oben © Stadtmar-keting Herne GmbH; S. 228 unten © Spectaculum; S. 229 © Mengeder Gaudium; S. 230 © H&H Photographics (Juicy Beats); S. 231 oben © Mayday; S. 231 unten © KlangVokal, Foto: Bülent Kirschbaum; S. 232 © Syndicate Festival; S. 234 oben © Zeltfestival Ruhr, Foto: Lutz Leitmann; S. 234 unten © Ruhr Tourismus GmbH, Foto: Udo Geisler; S. 237 © Dortmunder Tresen Filmfestival; S. 240, 241 oben, 243 © rap verlag, Fotos: Ruven Hein; S. 241 unten © rap verlag, Foto: Carolin Terhorst; S. 245 © Dortmund-Agentur, Foto: Ste-fanie Kleemann; S. 248 © Grafit; S. 249 © Gmeiner; S. 250 © Papierverzierer; S. 251 © Brockmeyer; S. 252 oben © WDR/Tedeskino; S. 253 unten © Lighthouse Home Entertain-ment; S. 254 oben © Senator Entertainment AG; S. 254 unten © Turbine Medien GmbH.

Der Verlag bedankt sich bei allen Institutionen und Firmen, die uns Informationen und Fotos zur Verfügung gestellt haben. Die entsprechenden Rechte verbleiben bei den jeweiligen Rechte-inhabern.

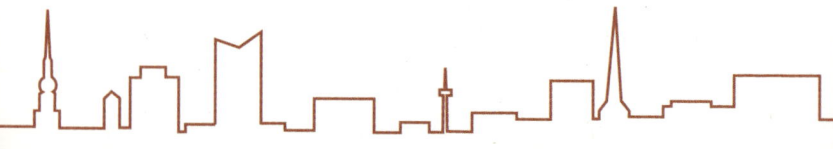